The 바른 그리스어 첫걸음

저자 ㅣ 권세라, 임혜림

The 바른 그리스어 첫걸음

초 판 인 쇄	2019년 10월 28일
초 판 2 쇄	2021년 6월 15일

지 은 이	권세라, 임혜림
펴 낸 이	임승빈
편 집 책 임	정유항, 최지인
편 집 진 행	송영정
표지디자인	이승연
내지디자인	오미원
조 판	디자인캠프
일 러 스 트	손도영
마 케 팅	염경용, 임원영, 김소연

펴 낸 곳	ECK북스
주 소	서울시 서울시 마포구 창전로 2길 27 [04098]
대 표 전 화	02-733-9950
팩 스	02-6394-5801
홈 페 이 지	www.eckbooks.kr
이 메 일	eck@eckedu.com
등 록 번 호	제 2020-000303호
등 록 일 자	2000. 2. 15

I S B N	978-89-92281-87-4
정 가	20,000원

The 바른 그리스어 첫걸음

저자 ┃ 권세라, 임혜림

ECK Books

저자의 말

 장구한 역사를 가진 그리스는 한국인들에게 '그리스 신화', '민주주의가 시작된 곳', '예쁜 섬들과 바다' 등과 같은 이미지를 떠올리게 합니다. 그리스는 한국과 지리적으로 매우 멀고, 그리스어는 한국어와 비슷한 점이 거의 없지만 우리는 일상생활에서 그리스어를 자주 사용하고 있습니다. '철학'이란 뜻의 philosophy는 그리스어의 $φιλοσοφία$ 필로소피아, '경제'라는 뜻의 economy는 그리스어의 $οικονομία$ 이꼬노미아, '민주주의'라는 뜻의 democracy는 그리스어의 $δημοκρατία$ 디모끄라띠아가 그 유래입니다. 뿐만 아니라 대부분의 의학, 과학, 수학 용어들은 아직까지도 그리스어를 그대로 사용하고 있습니다. 따라서 그리스어를 공부한다는 것은 단순히 다른 나라의 언어를 배우는 것이 아니라, 4000년이 넘는 오랜 기간 동안 축적된 그리스인들의 지혜와 지식을 함께 습득하는 것이기도 합니다.

 2004년, 한국에 처음 그리스어학과가 개설된 뒤 15년이 지났지만 한국어로 된 학습 교재가 없어서 많은 사람들이 현대 그리스어를 습득하는 데 어려움을 겪었습니다. 두 저자들도 스무 살이 되어서 처음 그리스어를 접하였지만 다년간 꾸준히 그리스어를 공부하고 대학원에서 관련 연구를 지속하며 《The 바른 그리스어 첫걸음》 출판을 준비하였습니다.

 그리스에 여행 가기 전에 간단한 그리스어를 배우고 싶어서, 고전 그리스어로 쓰여진 신약 성서를 공부하면서 현대 그리스어도 배우고 싶어서, 그리스에서 일을 하거나 그리스인과 결혼을 해서 등 사람마다 그리스어를 공부하게 되는 계기는 다양합니다. 《The 바른 그리스어 첫걸음》이 이 모든 학습자들이 쉽게 그리스어를 습득하는 데 도움이 되길 바랍니다. 또한 이 책을 통해 그리스라는 나라와 그리스어의 매력을 함께 공유하기를 바랍니다. 《The 바른 그리스어 첫걸음》이 출판될 수 있도록 도움을 주신 분들께 진심으로 감사드립니다.

저자 권세라

언어에는 사고의 방식이 드러납니다. 다른 환경에 있는 사람들은 필연적으로 생각하는 방식이 다릅니다. 언어의 문법 체계는 이 방식과 관련이 있습니다. 그리스어 문법이 우리에게 어렵게 느껴지는 이유는 그 때문일 것입니다. 그리스어 문법에는 한국어 문법과 다른 점들이 많기 때문이지요. 예를 들면, 한국어의 기본 어순은 '주어＋목적어＋동사'이지만 그리스어의 기본 어순은 '주어＋동사＋목적어'입니다. 또한, 명사가 주어의 역할을 하면 한국어에서는 주격 조사 '이/가'를 붙여서 그것이 주어라는 것을 나타냅니다. 하지만 그리스어는 명사가 주어의 기능을 할 때, 명사의 어미를 주격 어미로 사용합니다.

그리스 사람들도 언어 유형론 상으로 그리스어와 같은 굴절어에 속하는 프랑스어, 독일어 등을 배우는 것이 교착어에 속하는 한국어를 배우는 것보다 쉬울 것입니다. 저도 처음에는 그리스어 문법이 어렵게 느껴졌습니다. 하지만 생소한 것들을 반복하여 학습하고 그리스어 문법이 점점 더 익숙해지면서, 그리스어 문법이 체계적이고 논리적이라는 생각이 들었습니다. 한국어와 언어의 유형이 다르기 때문에, 그리스어를 학습하기 위해서 새로운 개념들을 익혀야 하는 것은 분명 쉽지 않은 일입니다. 하지만 새로운 사고의 방식을 배우는 과정에서 진통이 있을 수 있다고 생각하고, 인내를 가지고 그리스어를 배우다 보면 큰 성취감을 맛볼 수 있을 것입니다.

국내에서는 혼자서 그리스어를 학습하는 것이 쉽지 않은 실정이기 때문에, 이 교재가 조금이라도 그리스어 학습에 대한 갈증을 해소해주었으면 하는 바람입니다. 공동 집필을 제안해주신 권세라 선생님, ECK교육 임승빈 대표님, 그리고 학습자의 마음으로 교재 편집에 도움을 주신 송영정 편집자님께 진심 어린 감사의 말씀을 드립니다. 마지막으로 한국외국어대학교 그리스어학과 교수님들과 언어인지과학과 교수님들께 감사드리며 하나님 아버지께 이 교재 집필의 영광을 돌립니다.

저자 임혜림

목차

이 책의 구성과 특징

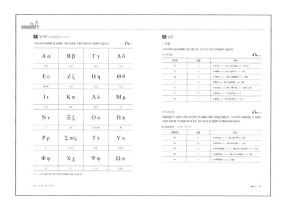

💡 **예비학습**

그리스어의 알파벳과 발음 및 기초 문법을 학습합니다. 이해를 돕기 위해 사용한 예문들은 본문을 학습하기 전에는 어려울 수 있으니, 처음에는 예문을 해석하기 보다는 문법의 틀을 이해하는 데 초점을 맞추어 학습하세요.

💡 **회화**

일상생활을 주제로 한 기초 대화문을 학습합니다. 처음엔 가볍게 읽어 보고, 문법을 학습한 후 다시 한번 읽어 보기를 권합니다. 학습 편의를 위해 한글로 발음을 표기하였으나(1–5과), 정확한 발음은 꼭 MP3 파일을 듣고 확인하세요.

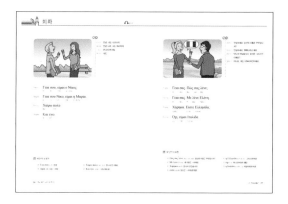

💡 **문법**

대화문에 나오는 주요 문법을 학습합니다. 그리스어 입문 및 초급 단계의 필수 문법과 유용한 생활 표현을 다양하게 학습할 수 있도록 구성하였습니다.

💡 어휘

일상생활과 관련된 유용한 기초 어휘를 학습합니다. MP3 파일을 들으며 발음도 같이 익혀 보세요.

💡 연습문제

각 과에서 학습한 내용을 연습문제를 풀며 복습하고 정리합니다. 문법, 듣기, 쓰기 등 다양한 형식의 문제를 풀어 볼 수 있도록 구성하였습니다.

💡 문화산책

그리스의 문화와 역사 등을 소개합니다. 그리스에 관한 다양한 정보를 읽고 그리스 문화를 이해하는 폭을 넓혀 보세요.

MP3 다운로드 방법

본 교재의 MP3 파일은 www.eckbooks.kr에서 무료로 다운로드 받을 수 있습니다.
QR 코드를 찍으면 다운로드 페이지로 이동합니다.

예비학습

1 알파벳 (αλφάβητο 알파비또)

그리스어의 알파벳은 총 24개로, 7개의 모음과 17개의 자음으로 구성되어 있습니다. 🎧 00-1

Α α	Β β	Γ γ	Δ δ
알파	비따	감마	델따
Ε ε	Ζ ζ	Η η	Θ θ
엡실론	지따	이따	띠따
Ι ι	Κ κ	Λ λ	Μ μ
요따	까빠	람다	미
Ν ν	Ξ ξ	Ο ο	Π π
니	크시	오미끄론	삐
Ρ ρ	Σ σ/ς	Τ τ	Υ υ
로	시그마	따프	입실론
Φ φ	Χ χ	Ψ ψ	Ω ω
피	히	프시	오메가

* Σ 시그마의 소문자 σ는 단어의 맨 마지막에서는 항상 ς로 씁니다.

2 발음

1. 모음

그리스어의 모음 발음에는 [아], [에], [이], [오], [우] 다섯 가지 발음이 있습니다.

(1) 단모음

단모음	발음	예시
α	아	αλάτι 알라띠 소금, άγαλμα 아갈마 조각상
ε	에	ελάφι 엘라피 사슴, τρένο 뜨레노 기차
η	이	ήλιος 일리오스 태양, ζάχαρη 자하리 설탕
ι	이	ιδέα 이데아 생각, σιρόπι 시로삐 시럽
ο	오	όνομα 오노마 이름, οθόνη 오또니 화면/스크린
υ	이	ύπνος 이쁘노스 잠, μύτη 미띠 코
ω	오	ώμος 오모스 어깨, μωρό 모로 아기

(2) 이중모음

이중모음은 두 모음이 나란히 있으면서 한 음절을 이루는 모음을 말합니다. 그리스어의 이중모음은 두 모음이 나란히 있을 때, 각 모음을 하나씩 읽는 것이 아니라 한 음절로 인식해서 읽어야 합니다.

📖 이중모음 αι → [에] (○) [아이] (✕)

이중모음	발음	예시
αι	에	αιώνας 에오나스 세기, παιδί 뻬디 아이
ει	이	εικόνα 이꼬나 그림, όνειρο 오니로 꿈
οι	이	οικονομία 이꼬노미아 경제, κοινωνία 끼노니아 사회
ου	우	ουρανός 우라노스 하늘, νούμερο 누메로 번호
υι	이	υιοθεσία 이오떼시아 입양

※ 이중모음의 두 번째 모음 위에 분음 부호표 ¨(διαλυτικά 디알리띠까) 표시가 있거나 첫 번째 모음 위에 강세가 있으면, 모음을 하나씩 발음합니다.

이중모음	발음	예시
αϊ	아이	μαϊμού 마이무 원숭이
άι	아이	τσάι 차이 차(tea)
οϊ	오이	κοροϊδεύω 꼬로이데보 놀리다(1인칭 단수 현재 시제)
όι	오이	ρολόι 롤로이 시계

(3) αυ, ευ (알파와 입실론, 엡실론과 입실론의 조합)   🎧 00-4

알파벳	발음	예시
αυ	아프(af)	무성음 κ, π, τ, χ, φ, θ, σ, ξ, ψ 앞 αυτό 아프또 그것
	아브(av)	모음과 유성음 β, γ, δ, λ, μ, ν, ρ 앞 αύριο 아브리오 내일
ευ	에프(ef)	무성음 κ, π, τ, χ, φ, θ, σ, ξ, ψ 앞 ευκαιρία 에프께리아 기회
	에브(ev)	모음과 유성음 β, γ, δ, λ, μ, ν, ρ 앞 ζευγάρι 제브가리 커플

※ 발음에 따른 그리스어 모음 정리

발음	알파벳
아	α
에	ε, αι
이	η, ι, υ, ει, οι, υι
오	ο, ω
우	ου

2. 자음

(1) 단자음

단자음	발음	예시
β	[ㅂ]([v])	βράδυ 브라디 저녁
γ	[ㄱ] 발음과 유사 * [에], [이] 발음 앞에서 [이]로 발음	γάλα 갈라 우유 γέφυρα 예피라 다리, 가교, γιος 이오스 아들
δ	[ㄷ]([ð])	δέκα 데까 열(10)
ζ	[ㅈ]([z])	ζώνη 조니 벨트
θ	[ㄸ]([θ])	θέατρο 떼아뜨로 극장
κ	[ㄲ], [ㅋ]	καρέκλα 까레끌라 의자
λ	[ㄹ], [ㄹㄹ]([l])	λάδι 라디 오일, 기름, αλάτι 알라띠 소금
μ	[ㅁ]	μητέρα 미떼라 어머니
ν	[ㄴ]	νόμος 노모스 법
ξ	• 단어의 맨 앞: [ㅋㅅ]	ξύδι 크시디 식초
	• 그 외: [ㄱㅅ]	αξία 악시아 가치
π	[ㅃ], [ㅍ]	πατέρας 빠떼라스 아버지
ρ	[ㄹ]([r])	ρόδι 로디 석류
σ/ς	[ㅅ], [ㅆ]	σαλόνι 쌀로니 거실, σεισμός 씨스모스 지진
τ	[ㄸ], [ㅌ]	τυρί 띠리 치즈
φ	[ㅍ]([f])	φανάρι 파나리 신호등
χ	[ㅎ] 발음과 유사 * [에], [이] 발음 앞에서 [히]로 발음	χαρά [하라] 기쁨 χέρι 헤리(히에리) 손, χιόνι 효니(히오니) 눈(snow)
ψ	• 단어의 맨 앞: [ㅍㅅ]	ψάρι 프사리 물고기, 생선
	• 그 외: [ㅂㅅ]	απόψε 아뽑세 오늘 밤

(2) 이중자음

 00-6

이중자음	발음	예시
γγ	[ㅇㄱ] ([ŋg])	ἄγγελος 앙겔로스 천사
γκ	단어의 맨 앞, 자음 뒤: [ㄱ]	γκαράζ 가라즈 차고 αργκό 아르고 속어, 은어
	그 외: [ㅇㄱ] ([ŋg])	αγκαλιά 앙갈리아 포옹
γχ	[ㅇㅎ]	ἄγχος 앙호스 걱정
μπ	단어의 맨 앞, 자음 뒤, 같은 조합의 반복: [ㅂ]	μπύρα 비라 맥주 τουρμπίνα 뚜르비나 터빈 μπαμπάς 바바스 아빠
	그 외: [ㅁㅂ]	γαμπρός 감브로스 신랑
ντ	단어의 맨 앞, 자음 뒤, 같은 조합의 반복: [ㄷ]	ντομάτα 도마따 토마토 καμπαρντίνα 깜바르디나 개버딘 νταντά 다다 유모
	그 외: [ㄴㄷ]	πάντα 빤다 항상
τσ	[ㅊ]	τσάντα 찬다 가방
τζ	[ㅈ] ([dz])	τζάμι 자미 유리

3 강세

 00-7

현대 그리스어에서는 단 하나의 강세 부호 ´(οξεία 옥시아)를 사용하고 있습니다. 그리스어를 발음할 때는 항상 이 강세를 살려서 읽습니다.

(1) 1음절 단어들은 강세 부호가 없습니다.

ναι 네 네   και 께 그리고   δε(ν) 덴 아니다

* 1음절 단어지만 강세 부호가 있는 예외가 있습니다.

ή 이 혹은   πού 뿌 어디에   πώς 뽀스 어떻게   ώς 오스 ~까지

* 이어서 발음되는 2음절 단어들은 1음절 단어로 간주되어 강세 부호가 붙지 않기도 합니다.

μια(μία) 미아 하나(여성형)   δυο(δύο) 디오 둘   ποιος(ποίος) 삐오스 누구(남성형)

(2) 모든 2음절 이상의 단어들은 강세 부호를 갖습니다.

강세 부호는 항상 단어의 뒤에서 세 번째 음절 안에 위치합니다.

2음절: μέ-λι 멜리 꿀

3음절: η-μέ-ρα 이메라 하루, 날

4음절: προ-ο-ρισ-μός 쁘로오리스모스 목적, 목적지

6음절: σα-ββα-το-κύ-ρια-κο 싸바또끼리아꼬 주말

9음절: ω-το-ρι-νο-λα-ρυ-γγο-λό-γος 오또리놀라링골로고스 이비인후과 의사

(3) 강세는 모음에 붙으며, 소문자는 글자의 위에, 대문자는 글자의 왼쪽 위에 표기합니다.

소문자: όνομα 오노마 이름

대문자: Όνομα 오노마 이름

(4) 단어 전체가 대문자일 때는 강세를 표시하지 않습니다.

ΕΛΛΑΔΑ 엘라다 그리스

(5) 철자는 같지만 강세의 위치가 달라 뜻이 달라지는 단어가 있습니다. 따라서, 강세에 유의하여 발음해야 합니다.

θέα 떼아 경치 vs. θεά 떼아 여신

δουλεία 둘리아 노예 vs. δουλειά 둘리아 일, 직업

τζάμι 자미 유리 vs. τζαμί 자미 모스크

4 기본 문형 및 어순

(1) 평서문

그리스어의 기본 어순은 '주어 + 동사 + 목적어'입니다. 그리스어의 어순은 비교적 자유로운 편이지만, 초급 단계에서는 기본 문형을 기준으로 학습하도록 합니다.

- 주어 + 동사 (+ 부사/부사구)

  Ο Γιώργος δουλεύει.   요르고스는 일한다.
  오   요르고스   둘레비

  Ο Γιώργος μένει στην Αθήνα.   요르고스는 아테네에 산다.
  오   요르고스   메니   스띤   아띠나

- 주어 + 동사 + 주격 보어(형용사/명사)

  Ο Γιώργος είναι ψηλός.   요르고스는 키가 크다.
  오   요르고스   이네   프실로스

- 주어 + 동사 + 목적어

  Ο Γιώργος διαβάζει το βιβλίο.   요르고스는 그 책을 읽는다.
  오   요르고스   디아바지   또   비블리오

- 주어 + 동사 + 간접목적어 + 직접목적어 (이 어순은 특정한 동사가 올 때만 가능)

  Ο Γιώργος μαθαίνει τη Μαρία αγγλικά.   요르고스는 마리아에게 영어를 가르친다.
  오   요르고스   마떼니   띠   마리아   앙글리까

- 주어 + 동사 + 목적어 + 목적격 보어

  Ο Γιώργος ονομάζει τη γάτα Σίμπα.   요르고스는 그 고양이를 심바라고 부른다.
  오   요르고스   오노마지   띠   가따   심바

(2) 의문문

의문문은 의문사가 없는 의문문과 의문사가 있는 의문문으로 나뉩니다. 그리스어에서 물음표는 ?가 아닌 ;(세미콜론)을 사용합니다.

● 의문사가 없는 의문문

평서문과 어순이 같으며, 평서문과 달리 문장의 끝을 올려서 읽습니다.

Εσύ είσαι φοιτητής;   너는 학생이니?

에씨   이쎄   피띠띠스

Ο Γιώργος δουλεύει;   요르고스는 일합니까?

오   요르고스   둘레비

● 의문사가 있는 의문문

기본적으로 '의문사 + 동사 (+ 주어)'의 어순입니다. 그리스어의 동사는 주어의 인칭과 수에 따라 변화하기 때문에 주어 자리의 인칭대명사는 생략할 수 있습니다.

Ποίος έρχεται;   누가 오고 있습니까?

삐오스   에르헤떼

Πού πας;   너 어디 가니?

뿌   빠스

Τι είναι αυτό;   이것은 무엇입니까?

띠   이네   아프또

Πώς πας στο σχολείο;   너는 학교에 어떻게 가니?

뽀스   빠스   스또   스홀리오

※ 의문사의 종류

누가	언제	어디서	무엇을	어떻게	왜
ποίος 삐오스	πότε 뽀떼	πού 뿌	τι 띠	πώς 뽀스	γιατί 야띠

(3) 명령문

명령문은 화자가 2인칭 상대방에게 무엇을 하도록 명령할 때 사용하는 문형이며, 이때 동사는 동사의 명령형이나 'να + 동사' 형태를 사용합니다. 자세한 내용은 본문 15과에서 학습합니다.

Δες τη φωτογραφία.   그 그림을 봐.

데스   띠   포또그라피아

= Να δεις τη φωτογραφία.

나   디스   띠   포또그라피아

(4) 감탄문

감탄문은 주어와 동사의 위치가 평서문과 같고 문장은 !(느낌표)로 끝납니다. 영어의 'what 감탄문'과 같이 그리스어에도 'τι 감탄문'이 있습니다. τι는 영어 what에 해당하는 의문사입니다. τι 감탄문의 어순은 'τι + 형용사 + 명사'입니다.

Τι ωραίο ποδήλατο!   정말 멋진 자전거구나!

띠   오레오   뽀딜라또

Ωχ, το πόδι μου!   아이고, 내 발!

오흐   또   뽀디   무

5 명사

그리스어 명사는 성 · 수 · 격을 가지며, 이 성 · 수 · 격에 따라 어미가 변화합니다.

> **여기서 잠깐!**
>
> 그리스어는 문법적 기능에 따라 단어의 형태가 변화하는 굴절어입니다. 그리스어에는 아홉 가지 품사(명사, 대명사, 동사, 형용사, 부사, 전치사, 접속사, 관사, 감탄사)가 있습니다. 그 중, 문법적 기능에 따라 어미의 형태가 변화하는 품사는 명사, 관사, 형용사, 대명사입니다. 명사, 관사, 형용사, 대명사는 성(gender), 수(number), 격(case)에 따라 어미가 변화합니다. 동사는 주어의 인칭과 수, 그리고 시제에 따라 어미가 변화합니다.

(1) 명사의 성

남성	여성	중성
πατέρας 빠떼라스 아버지 μαθητής 마띠띠스 남학생 αδελφός 아델포스 남자형제	μητέρα 미떼라 어머니 μαθήτρια 마띠뜨리아 여학생 αδελφή 아델피 여자형제	παιδί 뻬디 아이 φρούτο 프루또 과일 χρώμα 흐로마 색(색깔)

(2) 명사의 수

단수	복수
πατέρας 빠떼라스 아버지 μητέρα 미떼라 어머니 παιδί 뻬디 아이	πατέρες 빠떼레스 아버지들 μητέρες 미떼레스 어머니들 παιδιά 뻬디아 아이들

(3) 명사의 격

◉ άντρας 남자, 남편 (남성 단수)

주격	Ο άντρας μου είναι ψηλός.　나의 남편은 키가 크다. 오　안드라스　무　이네　프실로스
목적격	Αγαπάω τον άντρα μου.　나는 나의 남편을 사랑한다. 아가빠오　똔　안드라　무
소유격	Το αυτοκίνητο του άντρα μου είναι κόκκινο.　나의 남편의 자동차는 빨간색이다. 또　아프또끼니또　뚜　안드라　무　이네　꼬끼노
호격	Άντρα μου!　남편! 안드라　무

6 관사

그리스어의 관사는 명사 앞에 위치하고, 명사의 성·수·격에 일치시켜 사용합니다.

(1) 정관사

정관사는 앞에서 이미 언급되었거나, 화자들이 서로 알고 있는 명사 앞에 붙여서 명사를 한정시키는 역할을 합니다. 국가명, 도시명, 사람 이름과 같은 고유명사 앞에는 항상 정관사를 사용합니다. 또한 정관사는 일반적으로 한 종류에 대해 이야기할 때도 사용합니다.

	단수			복수		
	남성	여성	중성	남성	여성	중성
주격	ο 오	η 이	το 또	οι 이	οι 이	τα 따
목적격	το(ν) 또(똔)	τη(ν) 띠(띤)	το 또	τους 뚜스	τις 띠스	τα 따
소유격	του 뚜	της 띠스	του 뚜	των 똔	των 똔	των 똔

Ο πατέρας μου είναι στο σπίτι.　우리 아버지는 집에 있다.
오　빠떼라스　무　이네　스또　스삐띠

Η ομπρέλα σου είναι μεγάλη.　너의 우산은 크다.
이　옴브렐라　수　이네　메갈리

Το δελφίνι είναι θηλαστικό.　돌고래는 포유동물이다.
또　델피니　이네　띨라스띠꼬

Η Ελλάδα είναι όμορφη χώρα.　그리스는 아름다운 나라이다.
이　엘라다　이네　오모르피　호라

(2) 부정관사

부정관사는 불특정한 명사 앞에 사용합니다. '어느', '하나의'의 뜻을 가지고 있어 형태 또한 단수 형태만 있습니다.

	남성	여성	중성
주격	ένας 에나스	μία/μια 미아	ένα 에나
목적격	ένα(ν) 에나(에난)	μία/μια 미아	ένα 에나
소유격	ενός 에노스	μίας/μιας 미아스	ενός 에노스

Έρχεται ένας άντρας.   한 남자가 오고 있다. (남성 단수 주격)
에르헤떼   에나스   안드라스

Τρώω μια μπανάνα.   나는 바나나 하나를 먹는다. (여성 단수 목적격)
뜨로오   미아   바나나

Θέλω ένα στυλό.   나는 펜 하나를 원한다. (중성 단수 목적격)
뗄로   에나   스띨로

추상명사와 셀 수 없는 명사에는 부정관사를 사용할 수 없습니다.

Νιώθω ευτυχία.   나는 행복감을 느낀다. (추상명사)
니오또   에프띠히아

Αγοράζω ζάχαρη.   나는 설탕을 산다. (셀 수 없는 명사)
아고라조   자하리

7 동사

그리스어의 동사는 '동사 원형'이라는 개념이 없습니다. 그리스어 동사는 어간과 어미로 이루어져 있으며 주어의 수(단수·복수)와 인칭(1인칭·2인칭·3인칭)에 따라 어미가 달라집니다. 따라서, 문장의 주어가 없어도 동사의 어미를 보고 주어의 인칭과 수를 알 수 있습니다. 동사는 본과에서 자세히 배우도록 합니다.

8 전치사

전치사는 명사구 앞에 위치합니다. 많이 사용하는 그리스어 전치사는 다음과 같습니다.

από 아뽀	~로부터(출신, 출발지, 원산지, 기원), ~부터(시간), ~ 중의(부분), ~에 의하여(동작의 주체)
για 이아(야)	~을 위하여(목적), ~ 동안(시간 · 기간), ~을 향하여(목적지)
με 메	~와 함께(동반), ~로(도구 · 수단)
μέχρι 메흐리	~까지(시간 · 기한의 끝, 도달점)
προς 쁘로스	~을 향하여(위치 · 방향), ~ 쪽을 향하여(경향 · 결과)
σαν 싼	~와 같이, ~처럼
σε 쎄	~에(방향 · 도착 · 시간), ~에게(대상), ~에서(장소), ~로(방향), ~ 위에(위치), ~ 안에(위치)
χωρίς 호리스	~ 없이, ~을 제외하고(부재 · 결핍 · 배제)
ως 오스	~까지(시간 · 기한의 끝, 도달점)

Η Μαρία μαγειρεύει για τη μητέρα της.　　마리아는 그녀의 어머니를 위해 요리한다.
이　마리아　　마기레비　　야　띠　미떼라　띠스

Εγώ πάω με αυτοκίνητο.　　나는 차로 간다.
에고　빠오　메　아프또끼니또.

Αυτός δουλεύει σαν σκλάβος.　　그는 노예처럼 일한다.
아프또스　둘레비　　싼　　스끌라보스

Γεια σας.

안녕하세요.

해석

니코스 안녕, 나는 니코스야.
마리아 안녕 니코스, 나는 마리아야.
니코스 만나서 반가워.
마리아 나도.

Νίκος **Γεια σου, είμαι ο Νίκος.**
야 쑤 이메 오 니꼬스

Μαρία **Γεια σου Νίκο, είμαι η Μαρία.**
야 쑤 니꼬 이메 이 마리아

Νίκος **Χαίρω πολύ.**
헤로 뽈리

Μαρία **Και εγώ.**
께 에고

🔶 새 단어 및 표현

□ Γεια σου 야 쑤 안녕

□ είμαι 이메 나는 ~이다

□ Χαίρω πολύ. 헤로 뽈리 만나서 반가워요.

□ Και εγώ. 께 에고 나도(저도요).

하리스   안녕하세요. 당신의 이름은 무엇입니까?

엘레니   안녕하세요. 엘레니라고 해요.

하리스   만나서 반갑습니다. 당신은 그리스인이에요?

엘레니   아니요, 저는 이탈리아인이에요.

Χάρης   **Γεια σας. Πώς σας λένε;**

야   싸스   뽀스   싸스   레네

Ελένη   **Γεια σας. Με λένε Ελένη.**

야   싸스   메   레네   엘레니

Χάρης   **Χάρηκα. Είστε Ελληνίδα;**

하리까   이스떼   엘리니다

Ελένη   **Όχι, είμαι Ιταλίδα.**

오히   이메   이딸리다

새 단어 및 표현

- Πώς σας λένε; 뽀스 싸스 레네   당신의 이름은 무엇입니까?
- Με λένε ~ 메 레네   내 이름은 ~이에요
- Χάρηκα. 하리까   만나서 반갑습니다.
- είστε 이스떼   당신은 ~이다(존댓말)

- η Ελληνίδα 이 엘리니다   그리스인(여성)
- όχι 오히   아니오(부정의 대답)
- η Ιταλίδα 이 이딸리다   이탈리아인(여성)

문법

1 인칭대명사 주격

그리스어의 인칭대명사에는 주격, 목적격, 소유격, 호격이 있습니다. 인칭대명사가 문장의 주어 역할을 할 때 인칭대명사의 주격을 사용합니다.

수	인칭	인칭대명사 주격
단수	1인칭	εγώ 에고 나
	2인칭	εσύ 에씨 너
	3인칭	αυτός/αυτή/αυτό 아프또스/아프띠/아프또 그/그녀/그것
복수	1인칭	εμείς 에미스 우리
	2인칭	εσείς 에씨스 너희들/당신
	3인칭	αυτοί/αυτές/αυτά 아프띠/아프떼스/아프따 그들/그녀들/그것들

2 είμαι 동사(~이다)

είμαι 이메 동사는 영어의 be 동사에 해당하고, 주어의 수와 인칭에 따라 동사의 어미가 달라집니다. 따라서 주어가 생략되어도 동사의 어미를 통해 주어의 수와 인칭을 알 수 있습니다.

수	인칭	인칭대명사 주격	είμαι 동사
단수	1인칭	εγώ 에고	είμαι 이메
	2인칭	εσύ 에씨	είσαι 이쎄
	3인칭	αυτός/αυτή/αυτό 아프또스/아프띠/아프또	είναι 이네
복수	1인칭	εμείς 에미스	είμαστε 이마스떼
	2인칭	εσείς 에씨스	είστε 이스떼/είσαστε 이싸스떼
	3인칭	αυτοί/αυτές/αυτά 아프띠/아프떼스/아프따	είναι 이네

Εγώ είμαι η Σοφία. = Είμαι η Σοφία.　나는 소피아입니다.
에고　이메　이 쏘피아　　　이메　이 쏘피아

Εσύ είσαι η Νίκη; = Είσαι η Νίκη;　네가 니키니?
에씨　이쎄　이 니끼　　　이쎄　이 니끼

Αυτός είναι ο Γιάννης. = Είναι ο Γιάννης.　　그는 야니스입니다.

아프또스　이네　오 야니스　　　　　이네　오 야니스

Εμείς είμαστε Κορεάτες. = Είμαστε Κορεάτες.　　우리들은 한국 사람입니다.

에미스　이마스떼　꼬레아떼스　　　이마스떼　꼬레아떼스

Εσείς είστε Έλληνας; = Είστε Έλληνας;　　당신은 그리스 사람입니까?(존댓말)

에씨스　이스떼　엘리나스　　　이스떼　엘리나스

Αυτοί είναι Κορεάτες. = Είναι Κορεάτες.　　그들은 한국 사람입니다.

아프띠　이네　꼬레아떼스　　　이네　꼬레아떼스

3 인사 표현

▶ 안녕하세요.

Γεια σου.　　　　　Γεια σας. (복수/존댓말)

야　쑤　　　　　　야　　싸스

▶ 안녕히 가세요.

Γεια σου.　　　　　Γεια σας. (복수/존댓말)

야　쑤　　　　　　야　　싸스

Αντίο.　　　　　Αντίο σας. (복수/존댓말)

안디오　　　　　안디오　싸스

▶ 오전 인사(Good morning.)

Καλημέρα.　　　　　Καλημέρα σας. (복수/존댓말)

깔리메라　　　　　　깔리메라　　싸스

▶ 오후 인사(Good afternoon.)

Καλησπέρα.　　　　　Καλησπέρα σας. (복수/존댓말)

깔리스뻬라　　　　　　깔리스뻬라　　싸스

▶ 저녁 인사(Good evening.)

Καλό βράδυ.　　　　　Καλό σας βράδυ. (복수/존댓말)

깔로　브라디　　　　　깔로　싸스　브라디

▶ 밤 인사(Good night.)

Καληνύχτα.　　　　　Καληνύχτα σας. (복수/존댓말)

깔리니흐따　　　　　깔리니흐따　　싸스

4 이름 말하기

● 이름 묻기

다음은 이름을 물어보는 대표적인 표현입니다.

① Πώς σε λένε;　　너의 이름은 무엇이니? (직역: (그들이) 너를 어떻게 부르니?)
　뽀스　쎄　레네

② Πώς σας λένε;　　당신의 이름은 무엇입니까? (직역: (그들이) 당신을 어떻게 부릅니까?)
　뽀스　싸스　레네

● 이름 말하기

그리스어의 전형적인 남성 이름은 어미가 -ας/ης/ος로 끝나고, 여성 이름은 -α/η로 끝납니다. 아래 역시 각 문장을 직역하여 의미를 구분했지만, 모두 이름을 말하는 표현입니다.

① Είμαι ο Νίκος/η Μαρία.　　나는 니코스/마리아입니다.
　이메　　오 니꼬스　　이 마리아

② Με λένε Νίκο/Μαρία.　　(그들이) 나를 니코스/마리아라고 부릅니다.
　메　레네　니꼬　마리아

③ Λέγομαι Νίκος/Μαρία.　　나는 니코스/마리아라고 불립니다.
　레고메　　니꼬스　마리아

④ Ονομάζομαι Νίκος/Μαρία.　　나는 니코스/마리아라고 이름 지어졌습니다.
　오노마조메　　니꼬스　마리아

* είμαι 동사를 사용하여 자신의 이름을 소개할 때는 이름 앞에 항상 정관사(남성 ο, 여성 η)를 붙입니다.　정관사는 p.21 참고

* Με λένε ~ 표현을 쓸 때, 그리스어 남성 이름에서 ς(시그마)는 탈락됩니다.

Είμαι ο Νίκος. / Με λένε Νίκο.　　제 이름은 니코스입니다.
이메　오 니꼬스　　메　레네　니꼬

◆ 국적(남/여)

 01-2

	그리스인	ο Έλληνας/η Ελληνίδα 오 엘리나스/이 엘리니다
	이탈리아인	ο Ιταλός/η Ιταλίδα 오 이딸로스/이 이딸리다
	스페인인	ο Ισπανός/η Ισπανίδα 오 이스빠노스/이 이스빠니다
	프랑스인	ο Γάλλος/η Γαλλίδα 오 갈로스/이 갈리다
	독일인	ο Γερμανός/η Γερμανίδα 오 예르마노스/이 예르마니다
	영국인	ο Άγγλος/η Αγγλίδα 오 앙글로스/이 앙글리다
	미국인	ο Αμερικανός/η Αμερικάνα 오 아메리까노스/이 아메리까나
	한국인	ο Κορεάτης/η Κορεάτισσα 오 꼬레아띠스/이 꼬레아띠사
	일본인	ο Ιάπωνας/η Ιαπωνίδα 오 이아뽀나스/이 이아뽀니다
	중국인	ο Κινέζος/η Κινέζα 오 끼네조스/이 끼네자
	터키인	ο Τούρκος/η Τουρκάλα 오 뚜르꼬스/이 뚜르깔라
	러시아인	ο Ρώσος/η Ρωσίδα 오 로쏘스/이 로씨다

연습문제

1 빈칸에 알맞은 단어를 〈보기〉에서 골라 쓰세요.

| 보기 | λένε   γεια   σου   χαίρω   Μαρία

(1) _____ σου. Είμαι ο Νίκος.

(2) Γεια _____. Με λένε Χάρη. Χαίρω πολύ.

(3) Γεια σας. Με _____ Άννα.

(4) Χάρηκα. Είμαι η _____.

(5) _____ πολύ. Είμαι η Άννα.

2 다음 문장을 그리스어로 쓰세요.

(1) 당신의 이름은 무엇입니까?

_____

(2) 제 이름은 마리아입니다.

_____

(3) 니코스는 그리스인(남성)입니다.

_____

(4) 저는 한국인(여성)입니다.

_____

3 빈칸에 είμαι 동사의 알맞은 형태를 쓰세요.

   (1) Αυτή _____ η Μαρία.

   (2) Εγώ _____ ο Γιάννης.

   (3) Αυτός _____ ο Άρης.

   (4) Εσύ _____ η Ελένη;

4 대화를 잘 듣고 빈칸에 들어갈 말을 〈보기〉에서 골라 쓰세요.　🎧 01-3

보기				
πολύ	πώς	χάρηκα	είμαι	λένε

A: Γεια σου. _____ ο Γιώργος.

B: Γεια σου, Γιώργο. Χαίρω _____.

A: _____ σε λένε;

B: Με _____ Μαρία.

A: _____.

문화산책

┃ 네임 데이(Name Day) ┃

그리스인들은 대부분 그리스 정교회 성인(聖人)의 이름으로 자신의 이름을 짓습니다. '네임 데이'는 자신의 이름으로 택한 성인의 영명 축일을 말하며, 이날을 자신의 생일처럼 기념합니다. 그리스인들은 자신이 태어난 생일보다 '네임 데이'를 중요하게 여겨, 특정 성인의 '네임 데이'가 되면 같은 이름을 가진 사람들끼리 서로 축하하는 모습을 볼 수 있습니다. 또한 그리스인들은 새로 태어난 아이에게 이름을 지어줄 때 남자 아이에게는 할아버지의 이름을, 여자 아이에게는 할머니의 이름을 물려주는 관습이 있어서 사촌끼리 같은 이름을 가진 경우를 쉽게 찾아 볼 수 있습니다.

아래 표를 보고 다양한 그리스 이름들의 '네임 데이'를 확인해 보세요.

이름		날짜
Βασίλης	바실리스	1월 1일
Ιωάννης / Γιάννης	야니스	1월 7일
Αντώνης	안도니스	1월 17일
Θεόδωρος	테오도로스	2월 17일
Γιώργος	요르고스	4월 23일
Ειρήνη	이리니	5월 5일
Αριστοτέλης	아리스토텔리스	5월 14일
Δημήτρης	디미트리스	5월 28일
Σοφία	소피아	9월 17일
Ανδρέας	안드레아스	11월 30일

Από πού είστε;

어디에서 왔어요?

해석

마리아   안녕. 나는 마리아야.

하리스   안녕, 마리아. 너는 어디에서 왔어?

마리아   나는 독일에서 왔어. 너는?

하리스   나는 그리스에서 왔어.

Μαρία   **Γεια σου. Είμαι η Μαρία.**
야 쑤 이메 이 마리아

Χάρης   **Γεια σου, Μαρία. Από πού είσαι;**
야 쑤 마리아 아뽀 뿌 이쎄

Μαρία   **Είμαι από τη Γερμανία. Εσύ;**
이메 아뽀 띠 예르마니아 에씨

Χάρης   **Είμαι από την Ελλάδα.**
이메 아뽀 띤 엘라다

🌼 새 단어 및 표현

☐ από 아뽀 ~에서

☐ πού 뿌 어디

☐ η Γερμανία 이 예르마니아 독일

☐ η Ελλάδα 이 엘라다 그리스

해석

요르고스 니키 씨, 어디에서 오셨어요?

니키 저는 프랑스 파리에서 왔어요. 당신
들은요?

요르고스 저는 그리스 아테네에서 왔어요.

민지 저는 한국 서울에서 왔어요.

Γιώργος **Κυρία Νίκη, από πού είστε;**
끼리아　　니끼　　아뽀　뿌　이스떼

Νίκη **Είμαι από τη Γαλλία, από το Παρίσι. Εσείς;**
이메　　아뽀　띠　갈리아　　아뽀　또　빠리씨　　에씨스

Γιώργος **Είμαι από την Ελλάδα, από την Αθήνα.**
이메　　아뽀　띤　엘라다　　아뽀　띤　아띠나

Μίνζι **Είμαι από την Κορέα, από τη Σεούλ.**
이메　　아뽀　띤　꼬레아　　아뽀　띠　쎄울

🔵🔵 **새 단어** 및 **표현**

- κυρία 끼리아 씨, 부인, 선생님(성인 여성 존칭)
- η Γαλλία 이 갈리아 프랑스
- το Παρίσι 또 빠리씨 파리
- η Αθήνα 이 아띠나 아테네
- η Κορέα 이 꼬레아 한국
- η Σεούλ 이 쎄울 서울

1 단수 명사 주격

그리스어의 명사는 성을 가지고 있습니다. 전형적인 남성 명사는 어미가 -ας/ης/ος로 끝나고, 여성은 -α/η로 끝나며, 중성은 -ι/ο/μα로 끝납니다. 외래어 명사는 자음으로 끝나며 대부분 중성입니다.

● 명사의 어미(단수 주격)

남성 -ας/ης/ος	여성 -α/η	중성 -ι/ο/μα
ο άντρας 안드라스 남자/남편 ο Κορεάτης 꼬레아띠스 한국인(남) ο φίλος 필로스 친구(남) ο Λίβανος 리바노스 레바논	η γυναίκα 기네까 여자/부인 η Κορεάτισσα 꼬레아띠싸 한국인(여) η φίλη 필리 친구(여) η Αμερική 아메리끼 미국	το σπίτι 스뻬띠 집 το νερό 네로 물 το μάθημα 마띠마 수업 το Ιράν 이란 이란 το Ισραήλ 이스라일 이스라엘

2 전치사 από

από 아뽀는 '~에서', '~로부터'라는 뜻의 전치사입니다. από 뒤에는 '관사 + 명사'의 목적격 형태가 오며, από 뒤에 정관사가 오면 축약하여 쓰기도 합니다. 정관사의 목적격 남성 단수 τον과 여성 단수 την에서 끝의 ν는 생략 가능하지만, 뒤에 오는 명사가 모음 또는 κ, π, τ, ξ, ψ로 시작할 때는 생략할 수 없습니다.

● 'από + 정관사 목적격'의 축약형

η Κορέα   한국
이 꼬레아

από την Κορέα/απ' την Κορέα   한국으로부터
아뽀 띤 꼬레아   압띤   꼬레아

3 국적·출신 말하기

국적이나 출신을 말할 때는 'είμαι + από + 국가명' 형태를 사용합니다. 국가 명사 앞에는 항상 정관사를 붙이는데, 국가 명사도 성을 가지고 있기 때문에 정관사 또한 명사의 성에 일치시켜 씁니다.

	주격	από + 목적격
남성	ο Καναδάς 까나다스 캐나다 ο Λίβανος 리바노스 레바논	από τον Καναδά από το(ν) Λίβανο
여성	η Νότια Κορέα 노띠아 꼬레아 대한민국(남한) η Ελλάδα 엘라다 그리스	από την Νότια Κορέα από την Ελλάδα
중성	το Μεξικό 멕시꼬 멕시코 το Βέλγιο 벨기오 벨기에	από το Μεξικό από το Βέλγιο

남성 단수 명사는 주격 어미에 있는 ς(시그마)가 목적격에서는 탈락됩니다.

Είμαι από το Λίβανο.   저는 레바논에서 왔습니다.
이메   아뽀   또   리바노

Είσαι από τον Καναδά;   너는 캐나다에서 왔니?
이쎄   아뽀   똔   까나다

Αυτός είναι από την Αγγλία.   그는 영국에서 왔습니다.
아프또스   이네   아뽀   띤   앙글리아

Είμαστε από τη Γερμανία.   우리들은 독일에서 왔습니다.
이마스떼   아뽀   띠   예르마니아

Είστε από την Κίνα;   당신은/당신들은 중국에서 왔습니까?
이스떼   아뽀   띤   끼나

Αυτοί είναι από το Μεξικό.   그들은 멕시코에서 왔습니다.
아프띠   이네   아뽀   또   멕시꼬

4 단수 명사 호격

호격이란 사람이나 물건을 부를 때 사용하는 격입니다. 명사의 호격 어미는 주격과 같되, 남성 명사는 ς(시그마)가 탈락됩니다. 명사의 호격 앞에는 관사를 쓰지 않습니다.

	남성	여성	중성
주격 어미	-ας/ης/ος	-α/η	-ι/ο/μα
호격 어미	-α/η/ε	-α/η	-ι/ο/μα

ο Ανδρέας 오 안드레아스 안드레아스 → Ανδρέα! 안드레아 안드레아스야!

ο Γιάννης 오 야니스 야니스 → Γιάννη! 야니 야니스야!

ο Πάριος 오 빠리오스 파리오스 → Πάριε! 빠리에 파리오스야!

η Μαρία 이 마리아 마리아 → Μαρία! 마리아 마리아야!

η Ελένη 이 엘레니 엘레니 → Ελένη! 엘레니 엘레니야!

το παιδί μου 또 뻬디 무 나의 아이 → Παιδί μου! 뻬디 무 얘야!

το μωρό μου 또 모로 무 나의 아기 → Μωρό μου! 모로 무 아가야!

* -ος로 끝나는 2음절 이하의 이름은 호격 어미가 -ο로 끝납니다.

주격	호격
ο Πέτρος 오 뻬뜨로스 페트로스	Πέτρο! 뻬뜨로 페트로스야!
ο Σπύρος 오 스삐로스 스피로스	Σπύρο! 스삐로 스피로스야!

5 높임말 호격 κύριε/κυρία

κύριος 끼리오스는 '남자'에 대한 격식을 차린 호칭으로, 영어의 sir, Mr. 혹은 gentleman에 해당하고 κυρία 끼리아는 '여자'에 대한 격식을 차린 호칭으로 영어의 madam, Mrs. 혹은 lady에 해당하는 단어입니다. 한국어로는 '~님', '~씨' 혹은 '선생님'과 같이 해석될 수 있습니다.

남성	여성
Κύριε Ανδρέα! 끼리에 안드레아 안드레아스 씨! Κύριε Γιάννη! 끼리에 야니 야니스 씨! Κύριε Γιώργο! 끼리에 요르고 요르고스 씨!	Κυρία Μαρία! 끼리아 마리아 마리아 씨! Κυρία Ελένη! 끼리아 엘레니 엘레니 씨!

◆ 나라　　　　　　　　　　　　　　　　　　 02-2

그리스	η Ελλάδα 이 엘라다	터키	η Τουρκία 이 뚜르끼아
이탈리아	η Ιταλία 이 이딸리아	한국(남한)	η Νότια Κορέα 이 노띠아 꼬레아
프랑스	η Γαλλία 이 갈리아	북한	η Βόρεια Κορέα 이 보리아 꼬레아
영국	η Αγγλία 이 앙글리아	일본	η Ιαπωνία 이 이아뽀니아
독일	η Γερμανία 이 예르마니아	중국	η Κίνα 이 끼나
스위스	η Ελβετία 이 엘베띠아	러시아	η Ρωσία 이 로씨아
헝가리	η Ουγγαρία 이 웅가리아	필리핀	οι Φιλιππίνες 이 필리삐네스
포르투갈	η Πορτογαλία 이 뽀르또갈리아	인도	η Ινδία 이 인디아
폴란드	η Πολωνία 이 뽈로니아	미국	οι Η.Π.Α.(Ηνωμένες Πολιτείες Αμερικής) 이 이빠(이노메네스 뽈리띠에스 아메리끼스)
불가리아	η Βουλγαρία 이 불가리아	캐나다	ο Καναδάς 오 까나다스
키프로스	η Κύπρος 이 끼쁘로스	브라질	η Βραζιλία 이 브라질리아

연습문제

1 빈칸에 알맞은 정관사 형태를 쓰세요.

    (1) Είμαι από _____ Νότια Κορέα.

    (2) Αυτός είναι από _____ Λίβανο.

    (3) Η Εύη είναι από _____ Βέλγιο.

    (4) Αυτές είναι από _____ Αίγυπτο.

    (5) Ο φίλος μου είναι από _____ Καναδά.

2 다음 이름들을 호격으로 쓰세요.

    (1) ο Βασίλης   _____

    (2) ο Θεόδωρος   _____

    (3) ο Αλέξανδρος   _____

    (4) η Σοφία   _____

    (5) η Ειρήνη   _____

3 다음 문장을 해석하세요.

(1) Γεια σου, από πού είσαι;

_____

(2) Από πού είστε κυρία Μαρία;

_____

(3) Αυτός είναι από την Τουρκία.

_____

(4) Αυτές είναι από την Ισπανία.

_____

(5) Ο κύριος Αλέξης είναι από την Ελβετία.

_____

4 대화를 잘 듣고 빈칸에 들어갈 말을 〈보기〉에서 골라 쓰세요. 🎧 02-3

| 보기 | εἰμαι   εἰσαι   εγώ   Ρωσία   Καναδά

A: Γεια σου. Από πού _____;

B: _____ από τον _____, από το Τορόντο. Εσύ;

A: Είμαι από τη _____, από τη Μόσχα. Χαίρω πολύ.

B: Και _____.

ㅣ 그리스 정교회 ㅣ

많은 사람들이 그리스를 생각하면 가장 먼저 고대
그리스 신화에 나오는 12신들을 떠올리지만, 그리
스가 정교회(Orthodox Church) 국가라는 사실은
잘 알려지지 않은 것 같습니다. 동로마 제국에 속했
던 그리스는 약 1000년에 가까운 시간 동안 정교를
국교로 삼았으며, 400년간의 오스만 제국의 지배하
에서도 정교인으로서의 정체성을 유지했습니다. 오
늘날 그리스에는 천 개 이상의 정교회 건물이 있고,
그리스인들 중 약 95%가 정교회 신자입니다. 그리

▶ 그리스 정교회

스 헌법에는 정교회를 그리스의 국교로 명기하고 있어서 그리스의 여러 공휴일들은 정교회의 중요한
축일 및 기념일과 일치합니다. 그리스인들의 최대 공휴일인 부활절을 비롯하여, 사순절, 성령강림일,
성모승천일, 크리스마스 등의 정교회 축일들은 모두 그리스의 공휴일로 지정되어 있습니다.

정교회는 그리스인들의 삶과 매우 깊게 연관되어 있습니다. 태어나면 세례를 받고, 결혼식도 정교회
에서 진행하며, 장례식도 정교회에서 치르게 됩니다. 뿐만 아니라 그리스 국가 대표의 스포츠 경기가
있을 때면 정교회 사제의 기도를 받고 경기를 치르거나, 총리나 장관 등의 취임식도 정교회식으로 진
행하는 모습을 볼 수 있습니다. 또한 오늘날 그리스 법률에 의해 초 · 중등 교육 과정의 학생들은 의무
적으로 정교회와 관련된 종교 교육을 이수해야 합니다. 최근 그리스의 젊은 세대 사이에서는 정교회
를 믿지 않는다고 대답하는 숫자가 점점 늘어나고 있지만, 여전히 정교회가 그리스인들의 삶에 큰 영
향을 미치고 있습니다.

Είμαι φοιτητής.

저는 대학생이에요.

해석

마리아   니코스, 너는 무슨 일 해?

니코스   나는 일을 하지 않아. 대학생이야.

마리아   나도 대학생이야. 경제학을 전공하고
　　　　있어. 너는 무엇을 전공해?

니코스   나는 심리학을 전공하고 있어.

Μαρία　**Νίκο, τι δουλειά κάνεις;**
　　　　니꼬　　띠　둘리아　　　까니스

Νίκος　**Δε δουλεύω. Είμαι φοιτητής.**
　　　　데　둘레보　　　이메　　피띠띠스

Μαρία　**Κι εγώ είμαι φοιτήτρια. Σπουδάζω οικονομικά.**
　　　　끼　에고　이메　　피띠뜨리아　　　스뿌다조　　　이꼬노미까

　　　　Εσύ τι σπουδάζεις;
　　　　에씨　띠　스뿌다지스

Νίκος　**Σπουδάζω ψυχολογία.**
　　　　스뿌다조　　　프시홀로기아

🔹🔹 새 단어 및 표현

□ τι 띠 무슨, 무엇

□ η δουλειά 이 둘리아 일

□ κάνω 까노 하다

□ δε(ν) 덴 아니다

□ δουλεύω 둘레보 일하다

□ ο φοιτητής/η φοιτήτρια 오 피띠띠스/이 피띠뜨리아 대학생

□ σπουδάζω 스뿌다조 전공하다(대학에서 공부하다)

□ τα οικονομικά 따 이꼬노미까 경제학

□ η ψυχολογία 이 프시홀로기아 심리학

해석

엘레니   선생님, 무슨 일 하세요?
요르고스 저는 의사예요. 종합병원에서 일해요.
         당신은요?
엘레니   저는 사진 작가예요. 영국에서 일해요.
요르고스 어디에 사세요?
엘레니   런던 시내에 살아요.

Ελένη   **Κύριε, τι δουλειά κάνετε;**
         끼리에   띠 둘리아   까네떼

Γιώργος **Είμαι γιατρός. Δουλεύω σε ένα νοσοκομείο. Εσείς;**
         이메   이아뜨로스   둘레보   쎄 에나   노쏘꼬미오   에씨스

Ελένη   **Είμαι φωτογράφος. Δουλεύω στην Αγγλία.**
         이메   포또그라포스   둘레보   스띤   앙글리아

Γιώργος **Πού μένετε;**
         뿌   메네떼

Ελένη   **Μένω στο Λονδίνο, στο κέντρο.**
         메노   스또 론디노   스또   껜드로

🌑 새 단어 및 표현

- o/η γιατρός 오/이 이아뜨로스 의사
- το νοσοκομείο 또 노쏘꼬미오 종합병원
- o/η φωτογράφος 오/이 포또그라포스 사진 작가

- μένω 메노 살다
- το Λονδίνο 또 론디노 런던
- το κέντρο 또 껜드로 시내, 중심가

문법

1 전치사 σε

σε 쎄는 '~에/에서'라는 뜻으로, 장소를 나타내는 전치사입니다. 전치사 σε 뒤에 정관사의 목적격이 오면 항상 축약된 형태로 씁니다.

● 'σε + 정관사 목적격'의 축약형

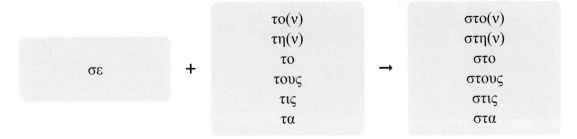

Μένω στη Σεούλ, στην Κορέα. 나는 한국, 서울에 산다.
메노   스띠 쎄울   스띤   꼬레아

Πηγαίνω στο σχολείο. 나는 학교에 간다.
삐게노   스또 스홀리오

2 동사 A유형 현재형

그리스어 동사는 주어의 인칭에 따라 어미가 달라지는데, 이때 어미가 어떤 형태로 변하느냐에 따라 동사가 A, B1, B2유형과 불규칙 유형으로 나누어집니다. 이번 과에서는 먼저 A유형 동사에 대해 알아보겠습니다. A유형 동사는 인칭에 따라 다음과 같이 어미가 변화합니다.

주어		A유형 어미	μένω 살다
단수	1인칭	-ω	μένω 메노
	2인칭	-εις	μένεις 메니스
	3인칭	-ει	μένει 메니
복수	1인칭	-ουμε	μένουμε 메누메
	2인칭	-ετε	μένετε 메네떼
	3인칭	-ουν(ε)	μένουν(ε) 메눈(메누네)

Μένω στη Σεούλ.　　　나는 서울에 삽니다.
메노　　　스띠　세울

Πού μένεις;　　　너는 어디에 사니?
뿌　　　메니스

Ο Γιώργος μένει στην Αθήνα.　　　요르고스는 아테네에 삽니다.
오　요르고스　　메니　　스띤　　아띠나

Μένουμε στη Θεσσαλονίκη.　　　우리는 테살로니키에 삽니다.
메누메　　　스띠　　때쌀로니끼

Μένουν στο Βερολίνο.　　　그들은 베를린에 삽니다.
메눈　　　스또　베롤리노

● 자주 사용하는 A유형 동사

αγοράζω 아고라조	사다	ανοίγω 아니고	열다	βλέπω 블레뽀	보다
γράφω 그라포	쓰다	διαβάζω 디아바조	읽다, 공부하다	δίνω 디노	주다
δουλεύω 둘레보	일하다	ετοιμάζω 에띠마조	준비하다	έχω 에호	가지다
θέλω 뗄로	원하다	κάνω 까노	하다	κλείνω 끌리노	닫다
μαθαίνω 마떼노	배우다	μένω 메노	살다, 머물다	ξέρω 크세로	알다
παίζω 뻬조	놀다	περιμένω 뻬리메노	기다리다	πίνω 삐노	마시다
πληρώνω 쁠리로노	지불하다	τρέχω 뜨레호	달리다	φεύγω 페브고	떠나다

Βλέπω τηλεόραση.　　　나는 TV를 본다.
블레뽀　　띨레오라씨

Κάνουμε βόλτα.　　　우리는 산책을 한다.
까누메　　　볼따

Η Μαρία πίνει νερό.　　　마리아는 물을 마신다.
이　마리아　　삐니　　네로

문법

3 부정 표현

동사 앞에 부정어 δε(ν) 덴을 붙이면 부정 표현이 됩니다.

Ο Γιώργος δε μένει στην Αθήνα.　　요르고스는 아테네에 살지 않는다.
오　요르고스　　데　메니　　스띤　아띠나

Αυτός δεν είναι ψηλός.　　그는 키가 크지 않다.
아프또스　덴　이네　프실로스

Αυτή δεν πίνει μπίρα.　　그녀는 맥주를 마시지 않는다.
아프띠　덴　삐니　비라

Δεν έχεις ομπρέλα;　　너는 우산이 없니?
덴　에히스　옴브렐라

* δεν의 -ν는 모음이나 κ, π, τ, ψ, ξ, μπ, ντ, γκ, τσ, τζ로 시작하는 단어 앞에서는 생략할 수 없습니다.

4 직업 말하기

'하다'라는 뜻의 동사 κάνω 까노는 직업을 묻는 표현에 사용할 수 있습니다.

질문 **Τι δουλειά κάνεις;**　　무슨 일을 하니? (2인칭 단수)
띠　둘리아　　까니스

Τι δουλειά κάνετε;　　무슨 일을 하세요? (존댓말, 2인칭 복수)
띠　둘리아　　까네떼

Τι δουλειά κάνει ο πατέρας σου;　　너희 아버지는 무슨 일을 하시니?
띠　둘리아　　까니　오 빠떼라스　쑤

대답 **Είμαι γιατρός/γιατρός.**　　저는 의사입니다. (남/여)
이메　이아뜨로스　이아뜨로스

Είμαι δάσκαλος/δασκάλα.　　저는 선생님입니다. (남/여)
이메　다스깔로스　　다스깔라

Αυτός είναι καθηγητής.　　그는 교수입니다.
아프또스　이네　까띠기띠스

50　The 바른 그리스어 첫걸음

◆ 직업

 03-2

ο φοιτητής /
η φοιτήτρια

오 피띠띠스/이 피띠뜨리아

대학생

ο μαθητής /
η μαθήτρια

오 마띠띠스/이 마띠뜨리아

학생(초 · 중 · 고)

ο καθηγητής /
η καθηγήτρια

오 까띠기띠스/이 까띠기뜨리아

교수

ο δάσκαλος /
η δασκάλα

오 다스깔로스/이 다스깔라

선생님

ο νοσοκόμος /
η νοσοκόμα

오 노소꼬모스/이 노소꼬마

간호사

ο τραγουδιστής /
η τραγουδίστρια

오 뜨라구디스띠스/이 뜨라구디스뜨리아

가수

ο/η δικηγόρος

오/이 디끼고로스

변호사

ο/η ηθοποιός

오/이 이또삐오스

배우

ο/η γιατρός

오/이 이아뜨로스

의사

ο/η φωτογράφος

오/이 포또그라포스

사진 작가

ο/η δημοσιογράφος

오/이 디모씨오그라포스

기자

ο/η δημόσιος
υπάλληλος

오/이 디모씨오스 이빨릴로스

공무원

ο/η αστυνομικός

오/이 아스띠노미꼬스

경찰관

ο ερμηνευτής /
η ερμηνεύτρια

오 에르미네프띠스/이 에르미네프뜨리아

통역사

ο μάγειρας /
η μαγείρισσα

오 마기라스/이 마기리싸

요리사

ο κομμωτής /
η κομμώτρια

오 꼬모띠스/이 꼬모뜨리아

미용사

연습문제

1 괄호 안의 동사를 알맞은 형태로 바꾸어 빈칸에 쓰세요.

(1) Εσύ, πού _____; (μένω)

(2) Εμείς _____ στη Σεούλ. (μένω)

(3) Κύριε Γιώργο, πού _____; (δουλεύω)

(4) Εγώ _____ στην τράπεζα. (δουλεύω)

(5) Τι _____ η Ελένη; (κάνω)

2 빈칸에 전치사 σε와 정관사의 결합 형태를 쓰세요.

(1) Η Κατερίνα μένει _____ Πολωνία.

(2) Η φίλη μου δουλεύει _____ Πεκίνο.

(3) Σπουδάζω _____ Αγγλία.

(4) Ο Ανδρέας πάει _____ σπίτι.

(5) Ο Γιάννης και η Μαρία είναι _____ Καναδά.

🆕어휘 η τράπεζα 은행. το Πεκίνο 베이징. το σπίτι 집

3 다음 문장을 그리스어로 쓰세요.

(1) 그는 대학생이다.

_____

(2) 마리아는 그리스에 산다.

_____

(3) 우리들은 물을 마신다.

_____

(4) 나는 아테네에서 일한다.

_____

4 대화를 잘 듣고 빈칸에 들어갈 말을 〈보기〉에서 골라 쓰세요.   🎧 03-3

| 보기 |

δικηγόρος   Λονδίνο   κάνεις

δουλεύεις   φοιτήτρια

A: Γεια σου, τι δουλειά _____;

B: Είμαι _____. Εσύ;

A: Είμαι _____.

B: Πού _____;

A: Δουλεύω στο _____.

┃ 그리스의 교육 ┃

현재의 그리스 교육 제도는 1974년 그리스에 민주 정권이 들어선 이후 자리잡았습니다. 그리스는 유럽 공동체(EC)에 가입하기 위한 노력의 일환으로 기존의 교육 제도를 정비하여 서유럽 국가들의 표준에 맞추고자 했고, 이때 그리스의 의무교육 기간이 6년에서 9년으로 늘어나게 됩니다. 그리스의 교육 과정은 초등학교 6년, 중학교 3년, 고등학교 3년으로 한국과 동일합니다. 고등학교는 대학 진학을 목표로 하는 학생들을 위한 일반 과정과, 졸업 후 취업을 희

▶ 아테네 대학교

망하는 학생들을 위한 전문 기술 학교로 나누어집니다. 대학교에 들어가기 위해서는 두 차례에 걸쳐 대학 입학 시험을 치르는데, 한국처럼 검정고시 제도가 없기 때문에 대학에 진학하고자 하는 사람들은 반드시 고등학교에서 공부해야 합니다.

그리스 전역에는 아테네 대학교, 테살로니키 대학교, 크레타 대학교, 파트라스 대학교 등 약 20여 개의 국립대학교가 있습니다. 그리스 교육 제도의 큰 특징 중 하나는 정부가 사립학교를 제외한 국립 초·중·고·대학교까지의 모든 교육비를 부담한다는 것입니다.

그리스어를 모국어로 하지 않는 외국인들은 매년 5월에 시행되는 '그리스어능력시험(Εξετάσεις Πιστοποίησης Ελληνομάθειας 엑쎄따씨스 삐쓰또뻬이씨스 엘리노마띠아스)'에 응시할 수 있습니다. 시험은 가장 쉬운 단계인 A1에서부터 A2-B1-B2-Γ1-Γ2까지 총 여섯 단계로 구분되어 있으며, 독해, 작문, 청해, 구술 시험으로 구성됩니다. 여러분도 열심히 그리스어를 공부해서 응시해 보세요!

Έχω μια μικρή αδελφή.

저는 여동생이 한 명 있어요.

해석

하리스 마리아, 너 형제자매 있어?

마리아 응, 오빠가 한 명 있어. 너는?

하리스 나는 여동생이 한 명 있어.

마리아 네 여동생은 무슨 일을 해?

하리스 그녀는 간호사야.

Χάρης **Μαρία, έχεις αδέλφια;**
마리아 　　에히스 　　아델피아

Μαρία **Ναι, έχω ένα μεγάλο αδελφό. Εσύ;**
네 　에호 　에나 　메갈로 　　아델포 　　에씨

Χάρης **Έχω μια μικρή αδελφή.**
에호 　미아 　미끄리 　　아델피

Μαρία **Τι δουλειά κάνει η αδελφή σου;**
띠 　둘리아 　　까니 　이 아델피 　　쑤

Χάρης **Είναι νοσοκόμα.**
이네 　　노쏘꼬마

🔵 **새 단어 및 표현**

☐ τα αδέλφια 따 아델피아 형제자매

☐ μεγάλος/η/ο 메갈로스/리/로 큰

☐ μικρός/ή/ό 미끄로스/리/로 작은

☐ ο αδελφός/η αδελφή 오 아델포스/이 아델피

　남자형제/여자형제

 해석

이것은 제 가족 사진입니다.
제 가족은 4명입니다.
부모님, 언니, 그리고 저입니다.
아빠는 변호사이고, 엄마는 주부입니다.
언니는 결혼을 했고, 아이가 한 명 있습니다.

Αυτή είναι η οικογενειακή φωτογραφία μου.
아프띠　　이네　　이 이꼬예니아끼　　포또그라피아　　무

Η οικογένειά μου είναι τέσσερα άτομα.
이 이꼬예니아　　무　　이네　떼쎄라　　아또마

Οι γονείς μου, η μεγάλη μου αδελφή κι εγώ.
이　고니스　무　이 메갈리　무　아델피　끼 에고

Ο μπαμπάς μου είναι δικηγόρος και η μαμά μου είναι νοικοκυρά.
오　바바스　무　이네　디끼고로스　께 이 마마　무　이네　니꼬끼라

Η μεγάλη μου αδελφή είναι παντρεμένη, και έχει ένα παιδί.
이 메갈리　무　아델피　이네　빤드레메니　께　에히　에나　뻬디

🎯 **새 단어 및 표현**

- □ οικογενειακός/ή/ό 이꼬예니아꼬스/끼/꼬 **가족의**
- □ η φωτογραφία 이 포또그라피아 **사진**
- □ η οικογένεια 이 이꼬예니아 **가족**
- □ τέσσερα 떼쎄라 **4** 숫자는 8과 참고
- □ το άτομο 또 아또모 **명(인원)**

- □ οι γονείς 이 고니스 **부모**
- □ ο μπαμπάς 오 바바스 **아빠**
- □ η νοικοκυρά 이 니꼬끼라 **주부**
- □ παντρεμένος/η 빤드레메노스/니 **결혼한, 기혼의**
- □ το παιδί 또 뻬디 **아이**

문법

1 단수 명사 목적격

목적격은 목적어를 나타내는 격으로, 타동사나 전치사의 목적어에 씁니다. 단수 명사의 목적격은 '남성'을 제외하고 주격과 형태가 같습니다.

남성 -α/η/ο (주격에서 ς 탈락)	여성 -α/η	중성 -ο/ι/μα
πατέρα 빠떼라 아버지를 μαθητή 마띠띠 남학생을 αδελφό 아델포 남자형제를	μητέρα 미떼라 어머니를 μαθήτρια 마띠뜨리아 여학생을 αδελφή 아델피 여자형제를	φρούτο 프루또 과일을 παιδί 삐디 아이를 χρώμα 흐로마 색을

Έχω έναν αδελφό.　　나는 남자형제가 한 명 있다.
에호　에난　아델포

Αγαπάω τη μητέρα μου.　나는 나의 어머니를 사랑한다.
아가빠오　　띠 미떼라　　무

Η Σοφία έχει ένα παιδί.　소피아는 아이가 한 명 있다.
이 소피아　에히 에나 삐디

2 인칭대명사 목적격

	단수	복수
1인칭	εμένα 에메나 나를	εμάς 에마스 우리를
2인칭	εσένα 에쎄나 너를	εσάς 에싸스 당신을/너희들을
3인칭	αυτό(ν) 아프또(똔) 그를 αυτή(ν) 아프띠(띤) 그녀를 αυτό 아프또 그것을	αυτούς 아프뚜스 그들을 αυτές 아프떼스 그녀들을 αυτά 아프따 그것들을

● 인칭대명사 목적격의 약한 형태(weak form)

직접목적어 자리에 인칭대명사 목적격의 약한 형태를 사용할 수 있습니다. 단, 인칭대명사 목적격을 약한 형태로 사용할 때는 동사의 앞에 위치시킵니다.

	단수	복수
1인칭	με 메	μας 마스
2인칭	σε 쎄	σας 싸스
3인칭	τον/την/το 똔/띤/또	τους/τις/τα 뚜스/띠스/따

Αγαπάω εσένα. = Σε αγαπάω.　　　나는 너를 사랑한다.
아가빠오　　에쎄나　　　　쎄　아가빠오

Ο Γιώργος περιμένει εμένα. = Ο Γιώργος με περιμένει.
오　요르고스　　　　삐리메니　　에메나　　　　오　요르고스　　　메　삐리메니

요르고스는 나를 기다린다.

3 인칭대명사 소유격

소유격은 '~의'에 해당하는 말로, 인칭대명사의 소유격이 명사를 수식할 때는 '명사 + 인칭대명사 소유격' 순서
로 씁니다. 이때 명사가 형용사의 수식을 받으면 소유격은 형용사 뒤에 위치하여, '형용사 + 인칭대명사 소유격
+ 명사' 순서로 씁니다. 소유격의 수식을 받는 명사 앞에는 정관사를 붙입니다.

	단수	복수
1인칭	μου 무 나의	μας 마스 우리들의
2인칭	σου 쑤 너의	σας 싸스 너희들의/당신의
3인칭	του 뚜 그의 της 띠스 그녀의 του 뚜 그것의	τους 뚜스 그들의/그녀들의/그것들의

Αυτός είναι ο μικρός μας αδελφός.　　　그는 우리의 남동생이다.
아프또스　이네　오　미끄로스　마스　아델포스

Πότε είναι το μάθημά* σου;　　　너의 수업이 언제니?
뽀떼　이네　또　마띠마　　쑤

* 3음절 이상의 명사가 뒤에서 '인칭대명사 소유격'의 수식을 받을 때, 명사의 마지막 모음에도 강세를 붙입니다.

4 단수 형용사 주격

형용사는 명사를 수식하거나 서술하는 역할을 합니다. 이때 형용사의 성·수·격은 그 수식하거나 서술하는 명사의 성·수·격과 일치해야 합니다. 대표적인 형용사 주격의 어미 유형은 다음과 같습니다.

● **자음 뒤** : 남성: -ος, 여성: -η, 중성: -ο

남성	여성	중성	뜻
καλός 깔로스	καλή 깔리	καλό 깔로	좋은
κακός 까꼬스	κακή 까끼	κακό 까꼬	나쁜
μεγάλος 메갈로스	μεγάλη 메갈리	μεγάλο 메갈로	큰
μικρός 미끄로스	μικρή 미끄리	μικρό 미끄로	작은
ακριβός 아끄리보스	ακριβή 아끄리비	ακριβό 아끄리보	비싼
φτηνός 프띠노스	φτηνή 프띠니	φτηνό 프띠노	저렴한

● **모음 뒤** : 남성: -ος, 여성: -α, 중성: -ο

남성	여성	중성	뜻
ωραίος 오레오스	ωραία 오레아	ωραίο 오레오	멋진, 아름다운
νέος 네오스	νέα 네아	νέο 네오	새로운, 젊은
παλιός 빨리오스	παλιά 빨리아	παλιό 빨리오	오래된

Αυτός είναι καλός γιατρός.   그는 좋은 의사이다.
아프또스 이네 깔로스 이아뜨로스

5 단수 형용사 목적격

형용사가 목적어를 수식할 때는 형용사도 목적격으로 써야 합니다. 형용사의 목적격은 남성을 제외하고 주격과 형태가 같습니다.

남성	여성	중성
-ο (주격에서 ς 탈락)	-α/η	-ο

Ξέρω έναν καλό γιατρό.   나는 좋은 의사를 안다.
크세로 에난 깔로 이아뜨로

◆ 가족

 04-2

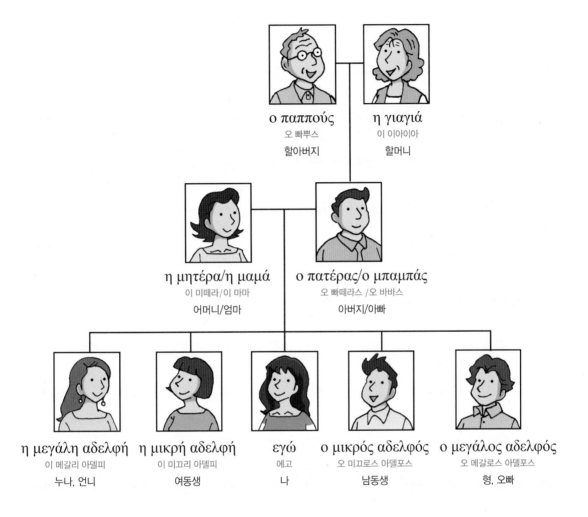

ο παππούς	η γιαγιά
오 빠뿌스	이 이아이아
할아버지	할머니

η μητέρα/η μαμά
이 미떼라/이 마마
어머니/엄마

ο πατέρας/ο μπαμπάς
오 빠떼라스 /오 바바스
아버지/아빠

η μεγάλη αδελφή
이 메갈리 아델피
누나, 언니

η μικρή αδελφή
이 미끄리 아델피
여동생

εγώ
에고
나

ο μικρός αδελφός
오 미끄로스 아델포스
남동생

ο μεγάλος αδελφός
오 메갈로스 아델포스
형, 오빠

οι γονείς 이 고니스	부모	ο γιος/η κόρη 오 이오스/이 꼬리	아들/딸
ο άντρας/η γυναίκα 오 안드라스/이 기네까	남편/아내	ο αδελφός/η αδελφή 오 아델포스/이 아델피	남자형제/여자형제
ο σύζυγος/η σύζυγος 오 씨지고스/이 씨지고스	남편/아내(격식체)	ο ξάδελφος/η ξαδέλφη 오 크사델포스/이 크사델피	사촌

연습문제

1 괄호 안의 단어를 알맞은 형태로 바꾸어 빈칸에 쓰세요.

(1) Έχω ένα μικρό _____. (αδελφός)

(2) Αγαπάω τον _____ μου. (άνδρας)

(3) Ο Άρης και η Άννα θέλουν καλό _____. (δώρο)

(4) Η Μαρία πάει στο σχολείο με τη μικρή _____ της. (αδελφή)

(5) Ο Γιάννης αγοράζει ένα παλιό _____. (βιβλίο)

2 빈칸에 알맞은 인칭대명사의 소유격을 쓰세요.

(1) 네 아이는 어디에 있니?

Πού είναι το παιδί _____.

(2) 그녀의 집은 작다.

Το σπίτι _____ είναι μικρό.

(3) 그의 수업은 어렵다.

Το μάθημά _____ είναι δύσκολο.

(4) 그는 우리들의 새로운 선생님이다.

Αυτός είναι ο καινούργιος δάσκαλος _____.

(5) 안드레아스 씨, 이것은 당신의 열쇠입니다.

Κύριε Ανδρέα, αυτό είναι το κλειδί _____.

새어휘 δύσκολος/η/ο 어려운

3 형용사에 밑줄을 치세요.

(1) Ο μεγάλος αδελφός μου μένει στην Ιταλία.

(2) Η Κατερίνα είναι καλή δασκάλα.

(3) Νίκο, γιατί αγοράζεις καινούργιο αυτοκίνητο;

(4) Τα παιδιά διαβάζουν ένα εύκολο βιβλίο.

(5) Η Αθήνα είναι παλιά πόλη.

(6) Ο Μιχάλης και η Γιάννα μένουν στο ακριβό σπίτι.

4 대화를 잘 듣고 빈칸에 들어갈 말을 〈보기〉에서 골라 쓰세요. 🎧 04-3

| 보기 |

| κέντρο | δύσκολο | καινούργιο |
| κάνεις | ιστορία | διαβάζεις |

A: Καλημέρα, Γιώργο. Τι _____;

B: Καλά. Τι _____ Ελένη;

A: Διαβάζω ένα βιβλίο για το _____ μάθημα.

B: Πώς είναι; Είναι _____;

A: Ναι, λίγο. Είναι για την _____. Εσύ, πού πας;

B: Πάω στο _____ για ψώνια.

🔵새🔵어🔵휘 η πόλη 도시. η ιστορία 역사. τα ψώνια 쇼핑

문화산책

⎮ 그리스식 결혼 ⎮

한국인들에게도 잘 알려진 '나의 그리스식 웨딩(My Big Fat Greek Wedding)'이라는 영화는 그리스의 결혼 문화를 유쾌하게 그려내고 있습니다. 그리스의 결혼은 크게 그리스 정교회에서 행해지는 종교적 결혼식인 θρησκευτικός γάμος 뜨리스께프띠꼬스 가모스와 정교회 밖에서 행해지는 세속적 결혼식인 πολιτικός γάμος 뽈리띠꼬스 가모스로 나뉘는데, 그리스식 결혼에서 볼 수 있는 몇 가지 특징이 있습니다.

▶ 그리스식 결혼

결혼식이 시작되면 꿈바로스가 신랑, 신부 앞에 서서 결혼 반지를 세 번 교차합니다. 꿈바로스는 들러리를 말하며, 보통 신랑과 신부의 친한 친구들이 맡게 됩니다. 그리스어로는 κουμπάρος 꿈바로스, κουμπάρα 꿈바라라고 합니다. 이후 결혼식을 집도하는 정교회 사제가 신랑, 신부에게 세 번 축복을 내리는데, 이 세 번이라는 숫자는 '성부-성자-성령'을 의미합니다. 한국의 결혼식에서 폐백 때 대추와 밤을 던지는 것처럼 그리스에서는 하객들이 부부의 행복과 풍요, 다산을 기원하며 쌀을 던집니다. 결혼식에 참석한 하객들은 답례 선물로 아몬드에 설탕이나 꿀을 입혀 만든 디저트인 μπομπονιέρα 봄보니에라를 선물로 받습니다. 유럽에서는 예로부터 결혼이나 출산, 세례 등 축하할 일이 있을 때 단 음식을 선물하여 상대방이 달콤한 인생을 보내기를 기원하였습니다. 그 밖에도, 신부는 결혼식이 시작되기 전에 구두 바닥에 펜으로 여자 친구들의 이름을 적는데, 결혼식이 끝난 뒤 구두를 벗어 확인했을 때 이름이 제일 많이 지워진 친구가 다음 차례로 결혼하게 된다는 재미있는 풍습이 있습니다. 결혼식이 끝나면 하객들은 바로 돌아가지 않고 예약한 식당으로 이동해 밤 늦게까지 먹고 마시고 춤을 추며 피로연을 즐깁니다. 이 때문에 그리스식 결혼은 비용이 많이 들어, 최근에는 결혼식을 간소하게 치르거나 결혼식을 하지 않고 같이 사는 사람들의 비중이 늘고 있습니다.

05

Μιλάτε ελληνικά;

그리스어 말해요?

해석

니코스   엘레니, 그리스어 말해?

엘레니   응, 조금 말해. 너는?

니코스   나는 못해.

엘레니   마리아는 그리스어를 매우 잘해.

Níκος   **Ελένη, μιλάς ελληνικά;**
        엘레니   밀라스   엘리니까

Ελένη   **Ναι, μιλάω λίγο. Εσύ;**
        네   밀라오   리고   에씨

Níκος   **Εγώ δε μιλάω.**
        에고   데   밀라오

Ελένη   **Η Μαρία μιλάει πολύ καλά ελληνικά.**
        이   마리아   밀라이   뽈리   깔라   엘리니까

🟦🟦 **새 단어 및 표현**

- □ μιλάω 밀라오 말하다
- □ ελληνικά 엘리니까 그리스어
- □ λίγο 리고 조금

- □ πολύ 뽈리 매우
- □ καλά 깔라 잘

해석

하리스 소피아 씨, 한국어 말하세요?
소피아 네, 말해요. 지금 배우고 있어요.
하리스 그리고 어떤 다른 언어들을 말하세요?
소피아 영어, 그리스어, 한국어, 그리고 프랑스어를 조금 말해요.

Χάρης **Κυρία Σοφία, μιλάτε κορεατικά;**
끼리아 소피아 밀라떼 꼬레아띠까

Σοφία **Ναι, μιλάω. Τώρα μαθαίνω.**
네 밀라오 또라 마떼노

Χάρης **Και ποιες άλλες γλώσσες μιλάτε;**
께 삐에스 알레스 글로쎄스 밀라떼

Σοφία **Μιλάω αγγλικά, ελληνικά, κορεατικά και λίγο γαλλικά.**
밀라오 앙글리까 엘리니까 꼬레아띠까 께 리고 갈리까

새 단어 및 표현

- □ κορεατικά 꼬레아띠까 한국어
- □ τώρα 또라 지금
- □ μαθαίνω 마떼노 배우다
- □ άλλος/η/ο 알로스/리/로 다른
- □ ποιος/α/ο 삐오스/아/오 누가, 무엇, 어떤
- □ η γλώσσα 이 글로싸 언어
- □ αγγλικά 앙글리까 영어
- □ γαλλικά 갈리까 프랑스어

문법

1 동사 B1유형 현재형

B1유형 동사는 다음과 같이 어미가 변화합니다.

주어		B1유형 어미	μιλάω 말하다
단수	1인칭	-άω(ώ)	μιλάω/ώ 밀라오/밀로
	2인칭	-άς	μιλάς 밀라스
	3인칭	-άει	μιλάει 밀라이
복수	1인칭	-άμε	μιλάμε 밀라메
	2인칭	-άτε	μιλάτε 밀라떼
	3인칭	-άνε	μιλάνε 밀라네

Μιλάω/ώ κορεατικά πολύ καλά.   나는 한국어를 매우 잘 말합니다.
밀라오/밀로   꼬레아띠까   뽈리   깔라

Μιλάμε ιταλικά λίγο.   우리는 이탈리아어를 조금 말합니다.
밀라메   이딸리까   리고

Μιλάνε γαλλικά αρκετά καλά.   그들은 프랑스어를 꽤 잘 말합니다.
밀라네   갈리까   아르께따   깔라

● 자주 사용하는 B1유형 동사

αγαπάω/ώ 아가빠오/아가뽀	사랑하다	απαντάω/ώ 아빤다오/아빤도	대답하다	νικάω/ώ 니까오/니꼬	이기다
ζητάω/ώ 지따오/지또	요청하다	ξυπνάω/ώ 크시쁘나오/크시쁘노	일어나다	φοράω/ώ 포라오/포로	입다, 신다
ρωτάω/ώ 로따오/로또	묻다	πεινάω/ώ 삐나오/삐노	배고프다	φιλάω/ώ 필라오/필로	키스하다
πονάω/ώ 뽀나오/뽀노	아프다	βοηθάω/ώ 보이따오/보이또	돕다	τραγουδάω/ώ 뜨라구다오/뜨라구도	노래하다

Ο Γιώργος αγαπάει την Ελλάδα.   요르고스는 그리스를 사랑한다.
오 요르고스   아가빠이   띤   엘라다

Πεινάω πολύ.   나는 매우 배고프다.
삐나오   뽈리

Η Μαρία βοηθάει τον Νίκο.   마리아는 니코스를 도와준다.
이 마리아   보이따이   똔 니꼬

2 부사

부사는 형용사, 다른 부사, 동사, 그리고 문장 전체를 꾸며줍니다. 그리스어의 부사는 형용사에 부사형 어미가 붙어 만들어진 형태가 있습니다. 형용사에 형용사형 어미(-ος/η/ο, -ος/α/ο) 대신 부사형 어미 -α를 붙이면 부사가 됩니다.

형용사형 어미 -ος/η/ο, -ος/α/ο		부사형 어미 -α	
καλός/ή/ό 깔로스/깔리/깔로	좋은	καλά 깔라	잘
αρκετός/ή/ό 아르께또스/아르께띠/아르께또	충분한	αρκετά 아르께따	충분히, 꽤
εύκολος/η/ο 에프꼴로스/에프꼴리/에프꼴로	쉬운	εύκολα 에프꼴라	쉽게
δύσκολος/η/ο 디스꼴로스/디스꼴리/디스꼴로	어려운	δύσκολα 디스꼴라	어렵게
ακριβός/η/ο 아끄리보스/아끄리비/아끄리보	비싼	ακριβά 아끄리바	비싸게
φτηνός/η/ο 프띠노스/프띠니/프띠노	저렴한	φτηνά 프띠나	저렴하게
γρήγορος/η/ο 그리고로스/그리고리/그리고로	빠른	γρήγορα 그리고라	빠르게
αργός/η/ο 아르고스/아르기/아르고	느린	αργά 아르가	느리게
ωραίος/α/ο 오레오스/오레아/오레오	멋진, 아름다운	ωραία 오레아	멋지게, 아름답게

* 불규칙

λίγος/η/ο 리고스/리기/리고	조금의	λίγο 리고	조금
πολύς/πολλή/πολύ 뽈리스/뽈리/뽈리	많은	πολύ 뽈리	많이, 매우, 너무

Τρέχω γρήγορα.   나는 빨리 달린다.
뜨레호   그리고라

Η Άννα μιλάει αργά.   안나는 느리게 말한다.
이   안나   밀라이   아르가

Αυτός είναι πολύ όμορφος.   그는 매우 잘생겼다.
아프또스   이네   뽈리   오모르포스

※ 부사를 이용하여 '정도' 나타내기

질문 **Μιλάς ελληνικά;**   너는 그리스어 말하니?
밀라스   엘리니까

Μιλάτε ελληνικά;   당신은 그리스어 말하세요?(존댓말)
밀라떼   엘리니까

대답 **Ναι, μιλάω πολύ καλά.**   네, 매우 잘합니다.
네   밀라오   뽈리   깔라

Ναι, μιλάω αρκετά καλά.   네, 꽤 잘합니다.
네   밀라오   아르께따   깔라

Έτσι κι έτσι.   그저 그래요.
에찌   끼   에찌

Μιλάω λίγο.   조금 말합니다.
밀라오   리고

Μιλάω πολύ λίγο.   매우 조금 말합니다.
밀라오   뽈리   리고

Όχι, δε μιλάω καθόλου*.   아니요, 전혀 말하지 못합니다.
오히   데   밀라오   까똘루

* καθόλου는 '전혀'라는 뜻의 부사입니다. 동사 앞에 오는 부정어 'δε(ν)'과 함께 사용하여 부정의 의미를 나타냅니다.

◆ 언어　　　　　　　　　　　　　　　　　　　　　　　05-2

ελληνικά 엘리니까	그리스어	ρωσικά 로씨까	러시아어
κορεατικά 꼬레아띠까	한국어	πολωνικά 뽈로니까	폴란드어
αγγλικά 앙글리까	영어	τσέχικα 체히까	체코어
κινέζικα 끼네지까	중국어	ουγγρικά 웅그리까	헝가리어
ιαπωνικά 이아뽀니까	일본어	περσικά 뻬르시까	페르시아어
ιταλικά 이딸리까	이탈리아어	δανέζικα 다네지까	덴마크어
γαλλικά 갈리까	프랑스어	ινδικά 인디까	힌디어
ισπανικά 이스빠니까	스페인어	λατινικά 라띠니까	라틴어
πορτογαλικά 뽀르또갈리까	포르투갈어	αλβανικά 알바니까	알바니아어
γερμανικά 예르마니까	독일어	σουηδικά 쑤이디까	스웨덴어
τουρκικά 뚜르끼까	터키어	εβραϊκά 에브라이까	히브리어
αραβικά 아라비까	아랍어	αρχαία ελληνικά 아르헤아 엘리니까	고전 그리스어

연습문제

1 빈칸에 μιλάω 동사의 알맞은 형태를 쓰세요.

(1) Εσύ _____ ισπανικά;

(2) Η Σοφία _____ πολύ καλά ιταλικά.

(3) Εγώ _____ λίγο ελληνικά.

(4) Τα παιδιά δε _____ γαλλικά.

2 괄호 안의 동사를 알맞은 형태로 바꾸어 빈칸에 쓰세요.

(1) Ο Μιχάλης _____ τη γυναίκα του. (αγαπάω/ώ)

(2) _____ πολύ το κεφάλι μου. (πονάω/ώ)

(3) Τα παιδιά _____ τους γονείς τους. (βοηθάω/ώ)

(4) Εσύ _____ πολύ καλά. (τραγουδάω/ώ)

(5) Εγώ _____ αργά το πρωί. (ξυπνάω/ώ)

새 어휘 το κεφάλι 머리, το πρωί 아침

3 부사에 밑줄을 치고 문장을 해석하세요.

(1) Ο φίλος μου μιλάει καλά κινέζικα.

_____

(2) Εμείς δε μιλάμε καθόλου αραβικά.

_____

(3) Διαβάζω βιβλία πολύ γρήγορα.

_____

(4) Η Νίκη απαντάει εύκολα στην ερώτηση.

_____

4 대화를 잘 듣고 빈칸에 들어갈 말을 〈보기〉에서 골라 쓰세요.　🎧 05-3

| 보기 |　　σε　　ιταλικά　　ισπανικά　　διαβάζεις　　μιλάς

A: Γεια σου, Ελένη. Τι _____;

B: Διαβάζω ένα περιοδικό στα _____.

A: Και τι άλλες γλώσσες _____;

B: Μιλάω ελληνικά, αγγλικά, ισπανικά και λίγο _____.

A: Τέσσερις; _____ ζηλεύω.

새**단**어　η ερώτηση 질문. το περιοδικό 잡지

문화 산책

❘ 그리스어의 역사 ❘

그리스어는 인도-유럽어족에서 파생된 가장 오래된 유럽 언어로, 4천 년 이상의 세월 동안 사용된 언어입니다. 고대 그리스 아테네가 정치, 문화, 경제의 중심 역할을 수행한 이후, 아테네가 위치한 아티카 반도에서 쓰이던 아티카 방언(Αττική)이 당시의 표준어가 되었습니다. 알렉산드로스 대왕은 아티카 그리스어를 제국의 공식 언어로 사용하였으며, 유럽과 북아프리카, 중동, 아시아에 이르기까지 당시 그리스어를 구사하는 사람은 문명화된 사람으로 여겨졌습니다. 이후, 그리스어를 구사하는 사람들은 코이네(Κοινή)라고 불리는 새로운 방언의 영향을 받았습니다. '공통의', '공유된'이라는 의미의 코이네는

▶ 그리스 문자

아티카 그리스어가 단순, 유연화되어 보급된 형태였습니다. 코이네는 기원전 300년부터 기원후 300년까지 번창하였으며, 신약 성서와 그 외의 기독교 텍스트들이 이 코이네 그리스어로 기술되었습니다. 이후 그리스는 중세시기를 거쳐 오스만 제국으로부터 독립하였고, 1834년에 고대 아티카 그리스어의 정제된 형태인 카타레부사(Καθαρεύουσα)를 공식어로 지정합니다. 하지만 대부분의 문인들은 카타레부사를 경직되고 인공적이며 죽은 언어로 여겨 이를 사용하기를 거부하였습니다. 문인들과 서민들은 그리스의 지방 언어와 유럽의 언어를 흡수한 형태인 디모티키(Δημοτική: '민중들의 언어'라는 뜻)를 사용했습니다. 이후 142년 동안 그리스인들은 언어 사용에 대해 끊임없이 논쟁하였고, 그 결과 1976년에 디모티키가 그리스의 공식 언어로 지정되어 오늘날 우리가 배우는 현대 그리스어의 형태로 정비되었습니다.

Τι κάνετε;

어떻게 지내요?

해석

니코스 좋은 아침이야, 마리아.

마리아 좋은 아침이야, 니코스. 어떻게 지내?

니코스 잘 지내, 고마워. 너는?

마리아 매우 잘 지내.

니코스 너는 자유 시간이 있을 때 뭐 해?

마리아 산책을 하거나 텔레비전을 봐.

Νίκος	Καλημέρα, Μαρία.
Μαρία	Καλημέρα, Νίκο. Τι κάνεις;
Νίκος	Καλά, ευχαριστώ. Εσύ;
Μαρία	Πολύ καλά.
Νίκος	Τι κάνεις όταν έχεις ελεύθερο χρόνο;
Μαρία	Κάνω μια βόλτα ή βλέπω τηλεόραση.

🟤 새 단어 및 표현

- ευχαριστώ 고맙다, 감사하다
- όταν (~할) 때
- ελεύθερος/η/ο 자유로운, 자유의
- ο χρόνος 시간
- η βόλτα 산책
- η τηλεόραση 텔레비전

해석

엘레니 하리스, 너의 취미는 뭐야?

하리스 내 취미는 여행이야.

그래서 공항 근처에 살아. 너는?

엘레니 나는 바이올린을 연주해.

하리스 멋있다! 연주 잘해?

엘레니 아직 잘 못해. 노력하고 있어.

Ελένη   Χάρη, ποιο είναι το χόμπι σου;

Χάρης   Το χόμπι μου είναι τα ταξίδια.

Για αυτό, ζω κοντά στο αεροδρόμιο. Εσύ;

Ελένη   Εγώ παίζω βιολί.

Χάρης   Τι ωραία! Παίζεις καλά;

Ελένη   Όχι ακόμα. Προσπαθώ.

🔵🔵 새 단어 및 표현

□ το χόμπι 취미
□ το ταξίδι 여행
□ ζω 살다
□ κοντά 근처에

□ το αεροδρόμιο 공항
□ παίζω 놀다, 연주하다
□ το βιολί 바이올린
□ προσπαθώ 노력하다

문법

1 동사 B2유형 현재형

B2유형 동사는 다음과 같이 어미가 변화합니다.

주어		B2유형 어미	οδηγώ 운전하다
단수	1인칭	-ώ	οδηγώ 오디고
	2인칭	-είς	οδηγείς 오디기스
	3인칭	-εί	οδηγεί 오디기
복수	1인칭	-ούμε	οδηγούμε 오디구메
	2인칭	-είτε	οδηγείτε 오디기떼
	3인칭	-ούν(ε)	οδηγούν(ε) 오디군(오디구네)

Οδηγώ κάθε μέρα.　　　나는 매일 운전합니다.

Οδηγείς καλά;　　　너는 운전을 잘하니?

Ο φίλος μου οδηγεί πολύ καλά.　　　내 남자친구는 운전을 매우 잘합니다.

Εμείς δεν οδηγούμε.　　　우리는 운전을 하지 않습니다.

Οδηγείτε συχνά;　　　자주 운전하세요?(존댓말)/너희들은 자주 운전하니?

Οι γονείς μου οδηγούν γρήγορα.　　　나의 부모님은 운전을 빨리 합니다.

● 자주 사용하는 B2유형 동사

αργώ	늦다, 늦추다	εξηγώ	설명하다	ζω	살다
μισώ	싫어하다	καλώ	초대하다	κατοικώ	거주하다
προσπαθώ	노력하다	τηλεφωνώ	전화하다	χρησιμοποιώ	사용하다

Ο Γιάννης αργεί στο μάθημα συχνά.　　　야니스는 수업에 자주 늦는다.

Εμείς ζούμε στην Ελλάδα.　　　우리들은 그리스에 산다.

Τηλεφωνώ στη Μαρία.　　　나는 마리아에게 전화한다.

단어　συχνά 자주(빈도부사).　γρήγορα 빠르게

2 단수 명사 · 형용사 소유격

'관사 + 형용사 + 명사'가 소유격으로 사용될 때는 각각을 모두 소유격 형태로 바꾸어 줍니다.

● 단수 명사 소유격

	남성	여성	중성
주격	-ας/ης/ος	-α/η	-ο/ι/μα
	↓	↓	↓
소유격	-α/η/ου	-ας/ης	-ου/ιου/ματος

● 단수 형용사 소유격

	남성	여성	중성
주격	-ος	-α/η	-ο
	↓	↓	↓
소유격	-ου	-ας/ης	-ου

① 남성

(ο μικρός αδελφός 남동생) το μολύβι του μικρού αδελφού　남동생의 연필

(ο νέος καθηγητής 젊은 교수) το μάθημα του νέου καθηγητή　젊은 교수의 수업

(ο καλός άντρας 좋은 남성) ο χαρακτήρας του καλού άντρα　좋은 남성의 성격

② 여성

(η όμορφη γυναίκα 아름다운 여성) η τσάντα της όμορφης γυναίκας　아름다운 여성의 가방

(η μεγάλη πόλη 큰 도시) το πλεονέκτημα της μεγάλης πόλης　큰 도시의 장점

③ 중성

(το μικρό μωρό 작은 아기) το κρεβάτι του μικρού μωρού　작은 아기의 침대

(το ακριβό σπίτι 비싼 집) το σαλόνι του ακριβού σπιτιού　비싼 집의 거실

(το μεγάλο άγαλμα 큰 조각상) το χρώμα του μεγάλου αγάλματος　큰 조각상의 색

3 안부 묻고 답하기

Τι κάνεις; 띠 까니스/Τι κάνετε; 띠 까네떼는 '어떻게 지내요?' 혹은 '기분이 어때요?'라는 뜻으로 상대방의 안부를 묻는 인사 표현입니다.

질문   Τι κάνεις;/Πώς είσαι;   어떻게 지내니?(기분이 어때?)

　　　　Τι κάνετε;/Πώς είστε;   어떻게 지내요?(기분이 어때요?)(복수/존댓말)

대답   Πολύ καλά.   매우 좋습니다.

　　　　Καλά./Μια χαρά.   좋습니다.

　　　　Έτσι κι έτσι.   그저 그래요.

　　　　Δεν είμαι καλά.   좋지 않아요.

　　　　Χάλια.   매우 나빠요.

동사 κάνω 까노를 '하다'라는 의미 그대로 사용하여 쓰기도 합니다.

　　A: Τι κάνεις;   뭐 하고 있니?

　　　　Τι κάνετε;   무엇을 하고 있습니까?

　　B: Πίνω καφέ.   커피를 마시는 중입니다.

　　　　Κάνω ψώνια.   쇼핑하는 중입니다.

◆ 취미 06-2

η μαγειρική
요리

το ψάρεμα
낚시

η ζωγραφική
그림 그리기

η φωτογραφία
사진

το διάβασμα
독서, 공부

η ορειβασία
등산

το ταξίδι
여행

ο χορός
춤, 댄스

το πιάνο
피아노

η κιθάρα
기타

η γυμναστική
운동

το κολύμπι
수영

το ποδήλατο
자전거

το ποδόσφαιρο
축구

το μπάσκετ/
η καλαθοσφαίριση
농구

το μπέιζμπολ
야구

연습문제

1 괄호 안의 동사를 알맞은 형태로 바꾸어 빈칸에 쓰세요.

(1) Γεια σου Ελένη, τι _____; (κάνω)

(2) Ο Γιώργος _____ μια βόλτα κάθε μέρα. (κάνω)

(3) Ο κύριος Μιχάλης _____ πολύ γρήγορα. (οδηγώ)

(4) Εγώ _____ στους γονείς μου. (τηλεφωνώ)

(5) Τα παιδιά _____ τους φίλους τους στο πάρτι. (καλώ)

(6) Ο Νίκος και η Μαρία _____ μαζί στη Σεούλ. (ζω)

2 주어진 두 단어를 소유격 형태로 연결하세요.

(1) το κλειδί, το σπίτι (열쇠, 집)

_____

(2) η θέα, η πόλη (경치, 도시)

_____

(3) το βιβλίο, η ιστορία (책, 역사)

_____

(4) το δωμάτιο, ο μεγάλος αδελφός (방, 형)

_____

(5) η τσάντα, η μικρή αδελφή (가방, 여동생)

_____

새어휘 το πάρτι 파티. μαζί 함께

3 다음 문장을 해석하세요.

(1) Ακούω κλασική μουσική.

_____

(2) Ο Άρης παίζει ποδόσφαιρο.

_____

(3) Η Σοφία κάνει γυμναστική κάθε μέρα.

_____

(4) Το χόμπι μου είναι το ψάρεμα.

_____

(5) Παίζω κιθάρα όταν έχω ελεύθερο χρόνο.

_____

4 대화를 잘 듣고 빈칸에 들어갈 말을 〈보기〉에서 골라 쓰세요. 🎧 06-3

| 보기 | χαρά   διάβασμα   κάνεις   κάνει   παίζει

A: Γεια σου, Ειρήνη. Τι _____;

B: Μια _____. Εσύ;

A: Καλά. Λοιπόν, πού είναι ο Ανδρέας; Τι _____ τώρα;

B: _____ μπάσκετ με τους φίλους του.

A: Πάλι; Τώρα είναι η ώρα για _____!

ㅣ아테네 국제공항 이름의 주인공
'엘레프테리오스 베니젤로스(Ελευθέριος Βενιζέλος)' ㅣ

프랑스 파리의 샤를드골 공항(Charles de Gaulle Airport)이나, 인도 뉴델리의 인디라 간디 공항(Indira Gandhi Airport)처럼 그리스 아테네에도 정치인의 이름을 딴 국제공항이 있습니다.

2001년 3월 28일 운항을 시작한 엘레프테리오스 베니젤로스 아테네 국제공항(Eleftherios Venize-los International Airport)은 그리스에서 가장 크고 이용객 수가 많은 공항입니다. 2004년 아테네 올

▶ 아테네 국제공항

림픽을 앞두고 새로 지어진 이 공항의 이름은 20세기 초 그리스의 유명 정치인이었던 베니젤로스의 이름을 딴 것입니다. 1864년 크레타섬의 하니아(Χανιά)에서 태어난 베니젤로스는 아테네 대학교에서 법학을 공부한 뒤 크레타로 돌아와 변호사로 일했습니다. 당시 크레타는 오스만 제국의 지배를 받고 있었고, 크레타 독립군들이 크레타의 독립과 그리스와의 통합을 위해 활동하고 있었습니다. 여기에 큰 기여를 한 인물이 바로 베니젤로스입니다.

이후, 베니젤로스는 1910~1920년, 1928~1932년 동안 그리스의 총리를 역임하며 정부기관 개혁, 헌법 개정, 군 재정비를 통한 국방력 강화 및 여성, 아동 노동자들을 위한 처우 개선 등 전반적인 개혁을 시행했습니다. 또한 그의 재임기간 동안 발칸전쟁과 제1차 세계대전에서 그리스를 승리로 이끌며 영토 확장을 이루어 현대 그리스를 만들어 낸 정치 지도자로 평가받고 있습니다. 그리스인들은 그의 여러 가지 업적 중에서도 그리스 공군을 창설하고, 민간항공사를 조직한 공로를 기리며 아테네 국제공항에 그의 이름을 붙였습니다.

Κάνει ζέστη.

더워요.

회화

해석

니코스 오늘 덥다. 지금 39도야!
마리아 진짜? 아… 난 더 이상 못 참겠어.
니코스 자, 마리아. 물 조금 마실래?
마리아 응, 고마워.
니코스 천만에.

Νίκος	Κάνει ζέστη σήμερα. Έχει 39 βαθμούς τώρα!
Μαρία	Αλήθεια; Αχ... δεν αντέχω πια.
Νίκος	Έλα, Μαρία μου. Θέλεις νεράκι;
Μαρία	Ναι, ευχαριστώ.
Νίκος	Παρακαλώ.

✿✿ 새 단어 및 표현

□ η ζέστη 더위
□ σήμερα 오늘
□ ο βαθμός 도(온도), 점수
□ η αλήθεια 진실

□ αντέχω 참다, 견디다
□ πια 더 이상 ~아닌(부정문에 쓰이는 부사)
□ το νεράκι 물(지소사, '작은 물병'을 의미)
□ παρακαλώ 천만에요/부탁하다

해석

니코스 마리아, 우산 가지고 있어?
마리아 응, 가지고 있어. 왜?
니코스 비가 많이 와.
마리아 아이고, 또? 나는 비가 싫어.
니코스 나도. 너는 어떤 계절을 좋아해?
마리아 나는 봄을 좋아해, 왜냐하면 꽃들을 좋아하니까.

Νίκος   Μαρία, έχεις ομπρέλα;

Μαρία   Ναι, έχω. Γιατί;

Νίκος   Βρέχει πολύ.

Μαρία   Πω πω, πάλι; Δε μου αρέσει η βροχή.

Νίκος   Ούτε εμένα. Ποια εποχή σου αρέσει;

Μαρία   Μ'αρέσει η άνοιξη, γιατί μ'αρέσουν τα λουλούδια.

🎊 새 단어 및 표현

□ η ομπρέλα 우산
□ γιατί 왜, 왜냐하면
□ βρέχει 비가 오다
□ πω πω 아이고(감탄사)
□ αρέσει 좋아하다

□ η βροχή 비
□ Ούτε εμένα. 나도 그렇다/마찬가지이다.(부정 내용의 동의)
□ η εποχή 계절
□ η άνοιξη 봄
□ το λουλούδι 꽃

문법

1 복수 명사의 주격·목적격

		단수	복수
남성	주격	**-ας/ης/ος** ο άντρας 남자 ο φοιτητής 남학생 ο αδελφός 남자형제	**-ες/ες/οι** οι άντρες οι φοιτητές οι αδελφοί
남성	목적격	**-α/η/ο** τον άντρα 남자를 τον φοιτητή 남학생을 τον αδελφό 남자형제를	**-ες/ες/ους** τους άντρες τους φοιτητές τους αδελφούς
여성	주격	**-α/η** η φοιτήτρια 여학생 η αδελφή 여자형제	**-ες/ες** οι φοιτήτριες οι αδελφές
여성	목적격	**-α/η** την φοιτήτρια 여학생을 την αδελφή 여자형제를	**-ες/ες** τις φοιτήτριες τις αδελφές
중성	주격	**-ο/ι/μα** το βιβλίο 책 το παιδί 아이 το μάθημα 수업	**-α/ια/ματα** τα βιβλία τα παιδιά τα μαθήματα
중성	목적격	**-ο/ι/μα** το βιβλίο 책을 το παιδί 아이를 το μάθημα 수업을	**-α/ια/ματα** τα βιβλία τα παιδιά τα μαθήματα

① 주격

Οι αδελφοί μου είναι φοιτητές.　　내 형제들은 대학생들이다.

Οι αδελφές μου είναι φοιτήτριες.　　내 자매들은 대학생들이다.

Τα παιδιά μου είναι αγόρια.　　내 아이들은 남자 아이들이다.

② 목적격

Έχω δύο αδελφούς.   나는 두 명의 형제들이 있다.

Έχω δύο αδελφές.   나는 두 명의 자매들이 있다.

Έχω δύο παιδιά.   나는 두 아이가 있다.

2 복수 형용사의 주격·목적격

		단수	복수
남성	주격	**-ος** παλιός 오래된 έξυπνος 똑똑한	**-οι** παλιοί έξυπνοι
	목적격	**-ο** παλιό έξυπνο	**-ους** παλιούς έξυπνους
여성	주격	**-α/η** παλιά 오래된 έξυπνη 똑똑한	**-ες/ες** παλιές έξυπνες
	목적격	**-α/η** παλιά έξυπνη	**-ες/ες** παλιές έξυπνες
중성	주격	**-ο** παλιό 오래된 έξυπνο 똑똑한	**-α** παλιά έξυπνα
	목적격	**-ο** παλιό έξυπνο	**-α** παλιά έξυπνα

① 주격

Οι παλιοί υπολογιστές δεν είναι καλοί.   오래된 컴퓨터는 좋지 않다.

Οι παλιές μου τσάντες είναι στο σαλόνι.   나의 오래된 가방들은 거실에 있다.

Τα παλιά τραπέζια είναι φτηνά.   오래된 테이블들은 저렴하다.

② 목적격

Αυτοί δε θέλουν τους παλιούς υπολογιστές.   그들은 그 오래된 컴퓨터들을 원하지 않는다.

Η Ελένη ψάχνει τις παλιές τσάντες.   엘레니는 오래된 가방들을 찾고 있다.

Ο πατέρας μου βάφει τα παλιά τραπέζια.   나의 아버지는 오래된 테이블들을 페인트칠 하신다.

3 '~을 좋아한다' 표현

αρέσω 아레쏘는 A유형 동사로 '즐거움을 주다', '기쁨을 주다'라는 뜻입니다. 'A가 B를 좋아하다'라는 표현을 그리스어로는 'A에게 B가 즐거움을 주다'로 표현합니다. A 자리에는 '전치사 σε(~에게) + 인칭대명사 목적격'의 축약형이 오고, 주어인 B의 인칭과 수에 따라 동사 αρέσω의 형태가 달라집니다.

● 'σε + 인칭대명사 목적격'의 축약형

| σε | + | εμένα
εσένα
αυτόν/αυτήν/αυτό
εμάς
εσάς
αυτούς/αυτές/αυτά | → | μου
σου
του/της/του
μας
σας
τους |

● ~가 ○○을 좋아하다

단수	1인칭	Μου	αρέσει + 명사 주격 단수 αρέσουν + 명사 주격 복수	나는 ~을 좋아한다
	2인칭	Σου		너는 ~을 좋아한다
	3인칭	Του/Της/Του		그/그녀/그것은 ~을 좋아한다
복수	1인칭	Μας		우리는 ~을 좋아한다
	2인칭	Σας		당신/너희들은 ~을 좋아한다
	3인칭	Τους		그들은 ~을 좋아한다

* αρέσει + 명사 주격 단수

Μου αρέσει(= Μ'αρέσει) το καλοκαίρι.　　나는 여름을 좋아한다.

Σου αρέσει(= Σ'αρέσει) ο χειμώνας;　　너는 겨울을 좋아하니?

Της αρέσει η άνοιξη.　　그녀는 봄을 좋아한다.

Μας αρέσει το φθινόπωρο.　　우리는 가을을 좋아한다.

Σας αρέσει το βιβλίο;　　당신은 그 책을 좋아합니까?/너희들은 그 책을 좋아하니?

Τους αρέσει το μάθημα.　　그들은 그 수업을 좋아한다.

* αρέσουν + 명사 주격 복수

Μου αρέσουν(= Μ'αρέσουν) τα βιβλία.　　나는 그 책들을 좋아한다.

Σου αρέσουν(= Σ'αρέσουν) τα μαθήματα;　　너는 그 수업들을 좋아하니?

* A 자리에 인칭대명사가 아닌 명사가 올 때에는, 전치사 σε(~에게) 뒤에 '관사 + 명사'의 목적격이 오고, 주
어인 B의 인칭과 수에 따라 동사 αρέσω의 형태가 달라집니다.

Στη μητέρα μου αρέσει η μουσική.　　나의 어머니는 음악을 좋아합니다.

Στα παιδιά μου αρέσουν τα παιχνίδια.　　나의 아이들은 장난감을 좋아합니다.

* αρέσω (1인칭 단수)

Σου αρέσω;　　너는 나를 좋아하니?

* αρέσεις (2인칭 단수)

Μου αρέσεις.　　나는 너를 좋아한다.

문법

4 지소사

지소사는 작은 것을 나타내거나 친밀감이나 애정을 표현하기 위해 쓰는 접사를 말합니다.

남성 명사 -ούλης, -άκος, -άκης	ο αδελφός 형제 → ο αδελφούλης (친밀감 표현) ο δικηγόρος 변호사 → ο δικηγοράκος (친밀감 표현) ο Κώστας 코스타스(이름) → ο Κωστάκης (친밀감 표현)
여성 명사 -ίτσα, -ούλα, -άκα	η φούστα 치마 → η φουστίτσα 짧은 치마 η μαμά 엄마 → η μανούλα (친밀감 표현) η γιαγιά 할머니 → η γιαγιάκα (친밀감 표현)
남성 · 여성 · 중성 명사 -άκι	ο δρόμος 길 → το δρομάκι 좁은 길 η μηχανή 오토바이 → το μηχανάκι 스쿠터 το κουτί 상자 → το κουτάκι 작은 상자

Κωστάκη μου, πού πας;   코스타스야, 어디 가니?

Μανούλα μου, τι μαγειρεύεις τώρα;   엄마, 지금 무엇을 요리해요?

Μ'αρέσει το δρομάκι.   나는 그 좁은 길을 좋아한다.

◆ 날씨　　　　　　　　　　　　　　　　🎧 07-2

κάνει ζέστη	덥다	χιονίζει	눈이 오다
έχει ήλιο	화창하다	φυσάει	바람이 불다
κάνει κρύο	춥다	έχει δροσιά	선선하다

η βροχή	비	το χιόνι	눈
η λιακάδα	햇빛	η υγρασία	습기
η ομίχλη	안개	η παγωνιά	서리
η θύελλα	폭풍	η καταιγίδα	폭우

ο καιρός	날씨, 때, 시간	η θερμοκρασία	온도
το δελτίο καιρού	일기예보	το θερμόμετρο	온도계

◆ 계절

η άνοιξη
봄

το καλοκαίρι
여름

το φθινόπωρο
가을

ο χειμώνας
겨울

연습문제

1 다음 형용사와 명사를 복수형으로 쓰세요.

(1) ο μεγάλος αδελφός _____

(2) ο καλός φοιτητής _____

(3) η μικρή αδελφή _____

(4) η όμορφη κοπέλα _____

(5) το δύσκολο μάθημα _____

(6) το εύκολο βιβλίο _____

2 빈칸에 괄호 안의 단어를 알맞은 격으로 바꾸어 복수형으로 쓰세요.

(1) Αυτά τα παιδιά μένουν στα _____ _____. (μεγάλο σπίτι)

(2) Η Μαρίνα έχει δύο _____ _____. (ακριβή τσάντα)

(3) Οι φίλοι μου καλούν και τους _____ _____ μου στο πάρτι.(μικρός αδελφός)

(4) Ο Άλκης κι η Γιάννα βλέπουν τις _____ _____.
(όμορφη φωτογραφία)

(5) Τα _____ _____ είναι πολύ δύσκολα.
(καινούργιο μάθημα)

새 어 휘   η κοπέλα 소녀, 아가씨

3 빈칸에 αρέσει와 αρέσουν 중 올바른 형태를 쓰세요.

(1) Μου _____ αυτά τα βιβλία.

(2) Σου _____ τα λουλούδια;

(3) Του _____ το χιόνι.

(4) Μας _____ τα ταξίδια.

(5) Της _____ το καλοκαίρι.

(6) Τους _____ τα καινούργια μαθήματα.

4 대화를 잘 듣고 빈칸에 들어갈 말을 〈보기〉에서 골라 쓰세요. 🎧 07-3

| 보기 |
  μεγάλο   αρέσουν   έχεις   κάνει   αδελφή

A: Νίκο, _____ αδέλφια;

B: Ναι, έχω μια μικρή _____. Εσύ;

A: Εγώ έχω έναν _____ αδελφό.

B: Τι δουλειά _____ ο αδελφός σου;

A: Είναι συγγραφέας. Του _____ πολύ τα βιβλία.

🆕어휘   ο/η συγγραφέας 작가

| 그리스의 최대 명절 '부활절' |

부활절은 그리스인들에게 있어 일년 중 가장 큰 명절이자 축제입니다. 그리스인들은 부활절 7주 전, 사순절이 시작되는 날인 '정결 월요일(Καθαρά Δευτέρα)'부터 금식을 합니다. 하지만 금식이라고 해서 음식을 아예 먹지 않는 것이 아니라 육류와 생선, 계란, 우유 등 유제품, 그리고 기름을 섭취하지 않는 것입니다. 부활절이 있는 주간이 되면 그리스의 모든 학교, 회사, 관공서들은 문을 닫고 부활절 연휴에 들어갑니다. 이 기간에 그리스인들은 집안을

▶ 부활절 음식

깨끗하게 청소하고, 예수의 상여를 장식할 꽃을 준비합니다. 또한 계란을 삶아 빨간색으로 칠하는데, 이것은 예수가 흘린 피를 상징합니다. 토요일 밤이 되면 사람들이 양초를 하나씩 들고 교회로 모입니다. 12시가 되면 "그리스도께서 부활하셨습니다"(Χριστός Ανέστη)라고 정교회 사제가 외치는데, 이에 사람들은 "참으로 부활하셨습니다"(Αληθώς Ανέστη)라고 대답하며 들고 있던 양초에 불을 옮겨 붙입니다. 부활절 당일이 되면 본격적인 축제가 시작됩니다. 금식 기간 동안 고기를 먹지 않았기에 장의 부담을 줄이기 위해 양고기 내장으로 만든 수프인 '마기리차(Μαγειρίτσα)'를 첫 메뉴로 가볍게 시작합니다. 이날은 온종일 양고기를 끼운 큰 꼬챙이를 숯불에 돌려가며 구워 먹고 술을 마시며 온 동네가 축제를 즐깁니다.

한편, 동방정교회의 부활절은 유대교의 최대 명절인 유월절과 시기가 비슷한데, 이것은 부활절의 어원과 관련이 있습니다. 예수가 십자가에 못박혀 죽은 지 3일 만에 부활하였는데, 그때 당시 예루살렘은 유월절 기간이었습니다. 따라서, 부활절을 뜻하는 그리스어인 '파스하'(Πάσχα)는 유월절을 뜻하는 히브리어 '페사흐'를 그리스어식으로 음차한 단어이며, 동방정교회의 영향을 받은 러시아와 동유럽 지역 및 라틴어 계열의 언어를 사용하는 국가들에서도 '부활절'이라는 단어가 이와 비슷한 발음을 갖게 되었습니다.

Θέλω ένα καινούργιο πουκάμισο.

새로운 셔츠를 원해요.

안드레아스 엄마, 새로운 셔츠를 원해요.
소피아 왜? 이미 많이 있잖아.
안드레아스 아니에요. 이건 낡았고, 그리고
　　　　　 이건 너무 작아요.
소피아 이건 어때? 이건 새것 아니니?
안드레아스 네, 하지만… 제 취향이 아니에요.
소피아 좋아. 쇼핑하러 가자.

Ανδρέας	Μαμά, θέλω ένα καινούργιο πουκάμισο.
Σοφία	Γιατί; Έχεις ήδη πολλά.
Ανδρέας	Όχι. Αυτό είναι παλιό, κι αυτό είναι πολύ μικρό.
Σοφία	Πώς είναι αυτό; Δεν είναι καινούργιο;
Ανδρέας	Ναι, αλλά... δεν είναι του γούστου μου.
Σοφία	Καλά. Πάμε για ψώνια.

새 단어 및 표현

□ το πουκάμισο 셔츠
□ ήδη 이미

□ το γούστο 취향, 기호
* του γούστου: '~의 취향'이라는 표현으로 쓸 때는 소유격 형태로 사용합니다.

해석

마리아 안녕하세요. 저는 이 구두를 원해요.
점원 어떤 색을 원하세요?
마리아 검은색이요.
점원 손님 사이즈가 몇인가요?
마리아 제 사이즈는 37입니다.
점원 잠시만요. 여기 있습니다.
마리아 음… 좋네요. 얼마인가요?
점원 35유로입니다.

Μαρία	Γεια σας. Θέλω αυτές τις γόβες.
Πωλητής	Σε τι χρώμα τις θέλετε;
Μαρία	Σε μαύρο.
Πωλητής	Το νούμερό σας;
Μαρία	Το νούμερό μου είναι 37.
Πωλητής	Ένα λεπτό. Ορίστε.
Μαρία	Χμμ... Ωραίες είναι. Πόσο κάνουν;
Πωλητής	Κάνουν 35 ευρώ.

🌸 **새 단어** 및 **표현**

- oι γόβες 구두, 하이힐
- μαύρος/η/ο 검은색의
- το νούμερο 숫자, 사이즈
- Πόσο κάνει/Πόσο κάνουν; 얼마인가요? (단수/복수)

1 '모음 + -ω' 동사 현재형

'모음 + -ω' 동사는 A, B1, B2유형의 동사와 어미 변화 형태가 다릅니다. '모음 + -ω' 동사는 수와 인칭에 따라 다음과 같이 어미 변화를 합니다.

수	인칭	ακούω 듣다	λέω 말하다	κλαίω 울다	πάω 가다	τρώω 먹다
단수	1인칭	ακούω	λέω	κλαίω	πάω	τρώω
	2인칭	ακούς	λες	κλαις	πας	τρως
	3인칭	ακούει	λέει	κλαίει	πάει	τρώει
복수	1인칭	ακούμε	λέμε	κλαίμε	πάμε	τρώμε
	2인칭	ακούτε	λέτε	κλαίτε	πάτε	τρώτε
	3인칭	ακούνε	λένε	κλαίνε	πάνε	τρώνε

Ακούω μουσική.　　나는 음악을 듣는다.

Εσύ τι λες;　　너는 어떻게 생각해?

Αυτός δεν κλαίει ποτέ.　　그는 절대 울지 않는다.

Πού πάτε;　　어디 가세요?/너희들 어디 가니?

Τρώνε τυρόπιτες.　　그들은 치즈 파이를 먹습니다.

2 소유대명사

소유대명사는 소유의 의미를 나타내는 대명사로, '~의 것'이라는 뜻입니다. 물건의 성·수·격에 맞춰 다음과 같은 형태로 씁니다.

주격 단수: δικός/ή/ό 주격 복수: δικοί/ές/ά	+	μου σου του/της/του μας σας τους	:	나의 것(들) 너의 것(들) 그/그녀/그것의 것(들) 우리의 것(들) 너희의/당신의 것(들) 그들의 것(들)

Αυτό το παντελόνι είναι δικό της.　　이 바지는 그녀의 것이다.

Αυτές οι τσάντες είναι δικές μου.　　이 가방들은 나의 것들이다.

3 기수 1-100

기수는 명사와 형용사의 역할을 합니다. 기수가 형용사의 역할을 할 때는 1, 3, 4만 남성, 여성, 중성을 구분하여 사용합니다. 남성 명사를 수식할 때는 남성형을, 여성 명사를 수식할 때는 여성형을, 중성 명사를 수식할 때는 중성형을 사용합니다.

1	ένα *m.*ένας *f.*μια(μία)	11	ένδεκα(έντεκα)	21	είκοσι ένα *m.*είκοσι ένας *f.*είκοσι μια	31	τριάντα ένα *m.*τριάντα ένας *f.*τριάντα μια
2	δύο	12	δώδεκα	22	είκοσι δύο	33	τριάντα τρία *m.*τριάντα τρεις *f.*τριάντα τρεις
3	τρία *m.*τρεις *f.*τρεις	13	δεκατρία *m.* δεκατρείς, *f.* δεκατρείς	23	είκοσι τρία *m.*είκοσι τρεις *f.*είκοσι τρεις	34	τριάντα τέσσερα *m.*τριάντα τέσσερις *f.*τριάντα τέσσερις
4	τέσσερα *m.*τέσσερις *f.*τέσσερις	14	δεκατέσσερα *m.*δεκατέσσερις *f.* δεκατέσσερις	24	είκοσι τέσσερα *m.*είκοσι τέσσερις *f.*είκοσι τέσσερις	40	σαράντα
5	πέντε	15	δεκαπέντε	25	είκοσι πέντε	50	πενήντα
6	έξι	16	δεκαέξι	26	είκοσι έξι	60	εξήντα
7	εφτά(επτά)	17	δεκαεφτά(επτά)	27	είκοσι εφτά(επτά)	70	εβδομήντα
8	οκτώ(οχτώ)	18	δεκαοκτώ(οχτώ)	28	είκοσι οκτώ(οχτώ)	80	ογδόντα
9	εννέα(εννιά)	19	δεκαεννέα(εννιά)	29	είκοσι εννέα(εννιά)	90	ενενήντα
10	δέκα	20	είκοσι	30	τριάντα	100	εκατό(ν)

Έχω τρεις φούστες. 나는 치마를 3벌 가지고 있다.

Έχω τρία φορέματα. 나는 원피스를 3벌 가지고 있다.

Έχω δεκατέσσερις κάλτσες. 나는 양말을 14켤레 가지고 있다.

Έχω δεκατέσσερα κλειδιά. 나는 열쇠를 14개 가지고 있다.

Έχω τριάντα στυλά. 나는 펜을 30개 가지고 있다.

Έχω πενήντα βιβλία. 나는 책을 50권 가지고 있다.

4 색깔 형용사

άσπρος/η/ο 하얀색의 (άσπρο 하얀색)	άσπρο σπίτι 하얀 집
μαύρος/η/ο 검은색의 (μαύρο 검은색)	μαύρο πορτοφόλι 검은색 지갑
κόκκινος/η/ο 빨간색의 (κόκκινο 빨간색)	κόκκινη φούστα 빨간 치마
κίτρινος/η/ο 노란색의 (κίτρινο 노란색)	κίτρινη ομπρέλα 노란 우산
πράσινος/η/ο 초록색의 (πράσινο 초록색)	πράσινο δέντρο 초록 나무
γαλάζιος/α/ο 하늘색의 (γαλάζιο 하늘색)	γαλάζιο πουκάμισο 하늘색 셔츠
καστανός/ή/ό 갈색의 (καστανό 갈색)	καστανά μαλλιά 갈색 머리

* 다음 색깔 형용사들은 성 · 수 · 격에 따른 어미 변화가 없으며, 형용사와 명사의 형태가 같습니다.

γκρι 회색/회색의	μωβ 보라색/보라색의	καφέ 갈색/갈색의
μπλε 파란색/파란색의	ροζ 분홍색/분홍색의	πορτοκαλί 오렌지색/오렌지색의

γκρι ζώνη   회색 벨트   γκρι σακάκι   회색 재킷

μπλε φόρεμα   파란색 원피스   μπλε κάλτσες   파란색 양말

5 가격 묻고 답하기

그리스 화폐 단위인 ευρώ(유로)와 λεπτό(센트)는 중성 명사입니다. 따라서 가격은 기수의 중성을 씁니다.

- 가격 묻기 : Πόσο κάνει (αυτό);   이것은 얼마입니까? (단수)

                 Πόσο κάνουν (αυτά);   이것들은 얼마입니까? (복수)

- 가격 답하기 : Εφτά ευρώ και σαράντα λεπτά.   7유로 40센트입니다.

                 Πενήντα και είκοσι.*   50유로 20센트입니다.

* 가격을 말할 때, ευρώ와 λεπτά를 쓰지 않아도 και를 기준으로 앞이 유로, 뒤는 센트를 나타냅니다. '유로'는 단수 · 복수 모두 ευρώ를 쓰고, '센트'는 λεπτό(단수), λεπτά(복수)를 구분하여 씁니다.

ένα ευρώ	1 유로	τρία ευρώ	3 유로	τέσσερα ευρώ	4 유로
ένα λεπτό	1 센트	τρία λεπτά	3 센트	τέσσερα λεπτά	4 센트

◆ 옷, 신발, 액세서리 08-2

το πουκάμισο
셔츠

το παντελόνι
바지

η φούστα
치마

το φόρεμα
원피스

η μπλούζα
블라우스

το παλτό
코트, 겉옷

το μπλουζάκι
티셔츠

το πουλόβερ
스웨터

το τζιν
청바지

το κοστούμι
양복

οι κάλτσες
양말

η γραβάτα
넥타이

το κασκόλ
목도리

το καλσόν
스타킹

οι γόβες
하이힐

τα πέδιλα
샌들

οι μπότες
부츠

το κολιέ
목걸이

το δακτυλίδι/δαχτυλίδι
반지

τα σκουλαρίκια
귀걸이

연습문제

1 괄호 안의 동사를 알맞은 형태로 바꾸어 빈칸에 쓰세요.

(1) Η Ελένη _____ μουσική. (ακούω)

(2) Χάρηκα. Πώς σας _____; (λέω)

(3) Γιώργο, γιατί _____; (κλαίω)

(4) Τα παιδιά _____ στο σχολείο. (πάω)

(5) Εμείς _____ παγωτό. (τρώω)

2 주어진 의미에 맞게 빈칸에 색깔 형용사의 올바른 형태를 쓰세요.

(1) _____ πουκάμισο 검은색 셔츠

(2) _____ σπίτι 초록색 집

(3) _____ παπούτσια 흰색 신발

(4) _____ τσάντα 파란색 가방

(5) _____ ομπρέλα 빨간색 우산

(6) _____ λουλούδι 보라색 꽃

(7) _____ αυτοκίνητο 회색 자동차

🆕어휘 το παγωτό 아이스크림

3 다음 문장을 그리스어로 쓰세요.

(1) 니코스는 열쇠를 3개 가지고 있다.

_____

(2) 나는 흰색 자동차를 1대 가지고 있다.

_____

(3) 우리들은 우산을 4개 가지고 있다.

_____

(4) 마리아는 원피스를 12벌 가지고 있다.

_____

(5) 아이들은 책을 50권 가지고 있다.

_____

4 대화를 잘 듣고 빈칸에 들어갈 말을 〈보기〉에서 골라 쓰세요. 🎧 08-3

| 보기 |

| δικό | χρώμα | καινούργιο |
| πορτοφόλι | γαλάζιο | |

A: Γιάννη, αυτό το _____ είναι δικό σου;

B: Ναι, είναι _____ μου. Γιατί;

A: Πολύ ωραίο είναι. Κι εγώ θέλω ένα _____.

B: Σε τι _____ θέλεις;

A: Θέλω σε _____ ή γκρι.

┃ 라이끼 시장 (Λαϊκή αγορά) ┃

Λαϊκή(혹은 Λαϊκή αγορά 라이끼 아고라)는 '거리 시장(street market)'의 의미를 가진 명사입니다. 라이끼는 일주일에 한 번만 열리는 시장입니다. 아테네와 같이 큰 도시에서는 동네 단위로 라이끼가 열리는데, 동네 마다 열리는 요일이 다릅니다. 비교적 작은 도시에서는 도시의 시내에서 라이끼가 열립니다. 오전 9시 정도부터 시작해서 물건이 다 팔리거나 오후 세네시가 되면 끝납니다. 늦게 가면 떨이들만 남아 있을 확률이 높기 때문에 일찍 가서 신선한 채소나 과일 등의 식료품들을 고르는 것이 좋겠지요?

라이끼의 가장 큰 장점은 슈퍼마켓보다 저렴한 가격으로 식료품을 구매할 수 있다는 것입니다. 겨울에는 신선한 오렌지와 귤을 1kg에 약 1,500원부터 구

▶ 라이끼 시장

입할 수 있고, 여름이 오면 싱싱한 체리를 1kg에 약 4,000원 정도에도 구입할 수 있습니다. 그리스는 대체적으로 과일 값이 저렴하지만 라이끼에서는 맛있는 과일들을 더 저렴하게 구입할 수 있습니다. 규모가 큰 라이끼에서는 다양한 종류의 채소와 과일뿐만 아니라 쌀, 해산물, 액세서리, 신발, 옷, 속옷, 양말 등 다양한 품목들을 판매합니다.

단점이 있다면, 과일이나 채소의 경우 kg 단위로 판매하기 때문에 조금만 구입하고 싶은 경우에는 라이끼보다 슈퍼마켓이 적절합니다. 단기간으로 여행을 가는 사람들은 무게 등을 고려할 때 많이 사는 게 부담스러울 수 있지만, 그리스 시장을 경험해 보는 것 자체로 좋은 경험이 될 수 있습니다. 라이끼에서 싱싱하고 맛있는 제철 과일과 다양한 그리스 제품을 사보는 것도 즐거운 여행의 한 코스가 될 수 있겠죠?

Έναν εσπρέσο παρακαλώ.

에스프레소 한 잔 주세요.

엘레니   안녕하세요. 에스프레소 한 잔 주세요.

웨이터   네. 어떻게 해드릴까요?

엘레니   설탕 없이요. 그리고 물 한 잔 주세요.

웨이터   더 필요하신 거 있나요?

엘레니   디저트류도 있나요?

웨이터   네, 초콜릿 파이와 당근 케이크가
         있습니다.

엘레니   당근 케이크 한 조각 주세요.

Ελένη   Καλημέρα. Έναν εσπρέσο παρακαλώ*.

Σερβιτόρος   Μάλιστα. Πώς τον θέλετε;

Ελένη   Χωρίς ζάχαρη. Κι ένα ποτήρι νερό παρακαλώ.

Σερβιτόρος   Θέλετε κάτι άλλο;

Ελένη   Έχετε και γλυκά;

Σερβιτόρος   Ναι, έχουμε σοκολατόπιτα και κέικ καρότου.

Ελένη   Θέλω ένα κομμάτι κέικ καρότου.

* 영어의 please에 해당하며, 정중하게 무엇을 부탁할 때 사용합니다.

❈❈ 새 단어 및 표현

- □ ο εσπρέσο 에스프레소
- □ μάλιστα 네(긍정의 대답)
- □ χωρίς 없이
- □ η ζάχαρη 설탕
- □ το ποτήρι 유리잔
- □ κάτι 무언가, 어떤 것

- □ άλλος/η/ο 다른
- □ το γλυκό 디저트, 단것
- □ η σοκολατόπιτα 초콜릿 파이
- □ το κέικ 케이크
- □ το καρότο 당근

웨이터　말씀하세요.(주문하시겠습니까?)

소피아　핫초코 한 잔과 치즈 토스트 주세요.

웨이터　알겠습니다. 즉시 가져다 드리겠습
　　　　니다.

소피아　계산서 부탁드립니다.

웨이터　정말 감사합니다. 전부 다해서 8유로
　　　　입니다.

소피아　여기요.

Σερβιτόρος　Παρακαλώ.

Σοφία　Θέλω μια ζεστή σοκολάτα κι ένα τοστ με τυρί.

Σερβιτόρος　Μάλιστα. Θα σας φέρω αμέσως.

Σοφία　Τον λογαριασμό παρακαλώ.

Σερβιτόρος　Ευχαριστούμε πολύ. Είναι 8 ευρώ όλα μαζί.

Σοφία　Ορίστε.

새 단어 및 표현

□ ζεστός/ή/ό 뜨거운, 따뜻한

□ η σοκολάτα 초콜릿

□ το τοστ 토스트

□ το τυρί 치즈

□ φέρνω 가져오다

□ ο λογαριασμός 계산서

□ όλος/η/ο 전부의

□ μαζί 같이, 함께

문법

1 단순미래

단순미래는 어떤 미래 시점에 발생하고 끝나는 동작을 나타낼 때 사용합니다. '$\theta\alpha$ + 동사의 단순미래형' 형태로 쓰고, '~일 것이다', '~할 것이다'의 의미입니다.

● A유형 동사의 단순미래

현재	단순미래			인칭별 어미 변화
$\kappa\lambda\epsilon\acute{\iota}\nu\omega$ 닫다 $\pi\lambda\eta\rho\acute{\omega}\nu\omega$ 지불하다 $\alpha\gamma\circ\rho\acute{\alpha}\zeta\omega$ 사다 $\delta\iota\alpha\beta\acute{\alpha}\zeta\omega$ 읽다	-ν- -ζ-	$\rightarrow$	-σ-	**$\kappa\lambda\epsilon\acute{\iota}\nu\omega$** $\theta\alpha$ $\kappa\lambda\epsilon\acute{\iota}\sigma\omega$ $\theta\alpha$ $\kappa\lambda\epsilon\acute{\iota}\sigma\epsilon\iota\varsigma$ $\theta\alpha$ $\kappa\lambda\epsilon\acute{\iota}\sigma\epsilon\iota$ $\theta\alpha$ $\kappa\lambda\epsilon\acute{\iota}\sigma\circ\upsilon\mu\epsilon$ $\theta\alpha$ $\kappa\lambda\epsilon\acute{\iota}\sigma\epsilon\tau\epsilon$ $\theta\alpha$ $\kappa\lambda\epsilon\acute{\iota}\sigma\circ\upsilon\nu(\epsilon)$
$\delta\iota\delta\acute{\alpha}\sigma\kappa\omega$ 가르치다 $\alpha\nu\circ\acute{\iota}\gamma\omega$ 열다 $\tau\rho\acute{\epsilon}\chi\omega$ 달리다 $\phi\tau\iota\acute{\alpha}\chi\nu\omega$ 만들다 $\pi\alpha\acute{\iota}\zeta\omega$ 놀다	-$\sigma\kappa$- -γ- -χ- -$\chi\nu$- -ζ-	$\rightarrow$	-ξ-	**$\delta\iota\delta\acute{\alpha}\sigma\kappa\omega$** $\theta\alpha$ $\delta\iota\delta\acute{\alpha}\xi\omega$ $\theta\alpha$ $\delta\iota\delta\acute{\alpha}\xi\epsilon\iota\varsigma$ $\theta\alpha$ $\delta\iota\delta\acute{\alpha}\xi\epsilon\iota$ $\theta\alpha$ $\delta\iota\delta\acute{\alpha}\xi\circ\upsilon\mu\epsilon$ $\theta\alpha$ $\delta\iota\delta\acute{\alpha}\xi\epsilon\tau\epsilon$ $\theta\alpha$ $\delta\iota\delta\acute{\alpha}\xi\circ\upsilon\nu(\epsilon)$
$\kappa\acute{\circ}\beta\omega$ 자르다 $\gamma\rho\acute{\alpha}\phi\omega$ 쓰다	-β- -ϕ-	$\rightarrow$	-ψ-	**$\kappa\acute{\circ}\beta\omega$** $\theta\alpha$ $\kappa\acute{\circ}\psi\omega$ $\theta\alpha$ $\kappa\acute{\circ}\psi\epsilon\iota\varsigma$ $\theta\alpha$ $\kappa\acute{\circ}\psi\epsilon\iota$ $\theta\alpha$ $\kappa\acute{\circ}\psi\circ\upsilon\mu\epsilon$ $\theta\alpha$ $\kappa\acute{\circ}\psi\epsilon\tau\epsilon$ $\theta\alpha$ $\kappa\acute{\circ}\psi\circ\upsilon\nu(\epsilon)$
$\delta\circ\upsilon\lambda\epsilon\acute{\upsilon}\omega$ 일하다 $\mu\alpha\gamma\epsilon\iota\rho\epsilon\acute{\upsilon}\omega$ 요리하다	-$\epsilon\acute{\upsilon}$-	$\rightarrow$	-$\acute{\epsilon}\psi$-	**$\delta\circ\upsilon\lambda\epsilon\acute{\upsilon}\omega$** $\theta\alpha$ $\delta\circ\upsilon\lambda\acute{\epsilon}\psi\omega$ $\theta\alpha$ $\delta\circ\upsilon\lambda\acute{\epsilon}\psi\epsilon\iota\varsigma$ $\theta\alpha$ $\delta\circ\upsilon\lambda\acute{\epsilon}\psi\epsilon\iota$ $\theta\alpha$ $\delta\circ\upsilon\lambda\acute{\epsilon}\psi\circ\upsilon\mu\epsilon$ $\theta\alpha$ $\delta\circ\upsilon\lambda\acute{\epsilon}\psi\epsilon\tau\epsilon$ $\theta\alpha$ $\delta\circ\upsilon\lambda\acute{\epsilon}\psi\circ\upsilon\nu(\epsilon)$

Θα αγοράσω το ψωμί.　나는 그 빵을 살 것이다.

Θα διαβάσεις το βιβλίο;　너는 그 책을 읽을 거니?

Ο Γιάννης θα παίξει με τους φίλους του.　야니스는 그의 친구들과 놀 것이다.

Θα τρέξουμε στο γήπεδο.　우리는 경기장에서 달릴 것이다.

Θα γράψετε ένα γράμμα στη Μαρία;　당신은 마리아에게 편지를 쓸 것입니까?/

너희들은 마리아에게 편지를 쓸 거니?

Θα μαγειρέψουν για τη μητέρα τους.　그들은 그들의 어머니를 위하여 요리할 것입니다.

※ 단순미래형이 현재형과 같은 동사

다음 동사들은 현재형과 단순미래형이 같아서 현재형 앞에 θα만 붙여서 단순미래 시제를 만듭니다.

είμαι ~이다	έχω 가지다	κάνω 하다	ξέρω 알다	πάω 가다	περιμένω 기다리다
θα είμαι	θα έχω	θα κάνω	θα ξέρω	θα πάω	θα περιμένω
θα είσαι	θα έχεις	θα κάνεις	θα ξέρεις	θα πας	θα περιμένεις
θα είναι	θα έχει	θα κάνει	θα ξέρει	θα πάει	θα περιμένει
θα είμαστε	θα έχουμε	θα κάνουμε	θα ξέρουμε	θα πάμε	θα περιμένουμε
θα είστε/ θα είσαστε	θα έχετε	θα κάνετε	θα ξέρετε	θα πάτε	θα περιμένετε
θα είναι	θα έχουν(ε)	θα κάνουν(ε)	θα ξέρουν(ε)	θα πάνε	θα περιμένουν(ε)

Θα είμαι εδώ αύριο.　나는 내일 여기 있을 것이다.

Θα έχεις ένα αυτοκίνητο μεθαύριο.　너는 모레 자동차 한 대를 가질 것이다.

Σήμερα αυτός θα κάνει γυμναστική.　오늘 그는 운동을 할 것이다.

Θα ξέρουμε τα νέα απόψε.　우리는 오늘 밤에 새 소식을 알게 될 것이다.

문법

● A유형 동사의 단순미래 불규칙

βλέπω 보다	δίνω 주다	μαθαίνω 배우다	μένω 살다	πίνω 마시다	φεύγω 떠나다
θα δω	θα δώσω	θα μάθω	θα μείνω	θα πιώ	θα φύγω
θα δεις	θα δώσεις	θα μάθεις	θα μείνεις	θα πιείς	θα φύγεις
θα δει	θα δώσει	θα μάθει	θα μείνει	θα πιει	θα φύγει
θα δούμε	θα δώσουμε	θα μάθουμε	θα μείνουμε	θα πιούμε	θα φύγουμε
θα δείτε	θα δώσετε	θα μάθετε	θα μείνετε	θα πιείτε	θα φύγετε
θα δουν/ θα δούνε	θα δώσουν/ θα δώσουνε	θα μάθουν/ θα μάθουνε	θα μείνουν/ θα μείνουνε	θα πιούν/ θα πιούνε	θα φύγουν/ θα φύγουνε

Ο Γιάννης θα δει μια ταινία.　　야니스는 영화 한 편을 볼 것이다.

Θα μάθω ελληνικά.　　나는 그리스어를 배울 것이다.

Θα φύγεις αύριο;　　너는 내일 떠날 거니?

● '모음 + -ω'유형 동사의 단순미래

ακούω 듣다	λέω 말하다	κλαίω 울다	τρώω 먹다
θα ακούσω	θα πω	θα κλάψω	θα φάω
θα ακούσεις	θα πεις	θα κλάψεις	θα φας
θα ακούσει	θα πει	θα κλάψει	θα φάει
θα ακούσουμε	θα πούμε	θα κλάψουμε	θα φάμε
θα ακούσετε	θα πείτε	θα κλάψετε	θα φάτε
θα ακούσουν(ε)	θα πουν/πούνε	θα κλάψουν(ε)	θα φάνε

Θα ακούσω μουσική.　　나는 음악을 들을 것이다.

Θα φάω το παγωτό.　　나는 그 아이스크림을 먹을 것이다.

- ● B유형 동사의 단순미래

① B1유형

현재	단순미래	인칭별 어미 변화
μιλάω/ώ 말하다 αγαπάω/ώ 사랑하다 απαντάω/ώ 대답하다 ρωτάω/ώ 묻다 ζητάω/ώ 요청하다 νικάω/ώ 이기다 φιλάω/ώ 입맞추다 τραγουδάω/ώ 노래하다 βοηθάω/ώ 돕다	-ησ-	**μιλάω/ώ** θα μιλήσω θα μιλήσεις θα μιλήσει θα μιλήσουμε θα μιλήσετε θα μιλήσουν(ε)
πεινάω/ώ 배가 고프다 διψάω/ώ 목이 마르다 γελάω/ώ 웃다	-ασ-	**πεινάω/ώ** θα πεινάσω θα πεινάσεις θα πεινάσει θα πεινάσουμε θα πεινάσετε θα πεινάσουν(ε)
φοράω/ώ 입다 πονάω/ώ 아프다	-εσ-	**φοράω/ώ** θα φορέσω θα φορέσεις θα φορέσει θα φορέσουμε θα φορέσετε θα φορέσουν(ε)

Θα απαντήσω στα αγγλικά.　　나는 영어로 대답할 것이다.

Θα φορέσεις μαύρο παντελόνι;　　너는 검은 바지를 입을 거니?

② B2유형

현재	단순미래	인칭별 어미 변화
οδηγώ 운전하다 τηλεφωνώ 전화하다	-ησ-	**οδηγώ** θα οδηγήσω θα οδηγήσεις θα οδηγήσει θα οδηγήσουμε θα οδηγήσετε θα οδηγήσουν(ε)
μπορώ 할 수 있다 παρακαλώ 부탁하다	-εσ-	**μπορώ** θα μπορέσω θα μπορέσεις θα μπορέσει θα μπορέσουμε θα μπορέσετε θα μπορέσουν(ε)

Ο Κώστας θα οδηγήσει σήμερα.   오늘 코스타스가 운전할 것이다.

Θα μπορέσεις;   네가 할 수 있겠니?

◆ 카페   🎧 09-2

ο ελληνικός καφές	그릭 커피	το γάλα	우유
ο καφές φίλτρου	필터 커피	ο φρέσκος χυμός	생과일 주스
το τσάι	차	η λεμονάδα	레모네이드
το ρόφημα	음료	ο χυμός πορτοκάλι	오렌지주스

το μέλι	꿀	η κρέμα/το σαντιγί	크림
το σιρόπι	시럽	η σάλτσα	소스
το βούτυρο	버터	το γιαούρτι	요거트
η μαρμελάδα	마멀레이드, 잼	η βανίλια	바닐라
η κανέλα	계피	η καραμέλα	캐러멜

το γλυκό	디저트	το κρουασάν	크루아상
το σάντουιτς	샌드위치	το μπισκότο	비스킷
η τάρτα	타르트	η σοκολατόπιτα	초콜릿 파이
το κέικ	케이크	η μηλόπιτα	사과 파이

το κουταλάκι	티스푼	η χαρτοπετσέτα	종이 냅킨
το πιάτο	접시	το καλαμάκι	빨대

το τασάκι	재떨이	τα μετρητά	현금
ο λογαριασμός	계산서	η πιστωτική κάρτα	신용카드

연습문제

1 다음 동사의 인칭별 단순미래형을 쓰세요.

단수	1인칭	θα πληρώσω		
	2인칭			
	3인칭		θα κόψει	
복수	1인칭			
	2인칭			θα τρέξετε
	3인칭			

2 괄호 안의 동사를 단순미래형으로 바꾸어 빈칸에 쓰세요.

(1) Ο άντρας μου κι εγώ _____ στο σπίτι. (είμαι)

(2) Η εξέταση _____ δύσκολη. (είμαι)

(3) Εσύ, τι _____ αύριο; (κάνω)

(4) Εγώ _____ στο μάθημα. (πάω)

(5) Ο Γιώργος κι η Αλεξία _____ στο ταξίδι. (πάω)

3 괄호 안의 동사를 단순미래형으로 바꾸어 빈칸에 쓰세요.

(1) Εγώ _____ ένα βιβλίο στο δωμάτιό μου. (διαβάζω)

(2) Τα παιδιά _____ έξω. (παίζω)

(3) Γιάννα, πότε _____ ημερολόγιο; (γράφω)

(4) Ο καθηγητής _____ το καινούργιο μάθημα. (ετοιμάζω)

(5) Εμείς _____ την πόρτα. (ανοίγω)

(6) Εγώ _____ κοτόπουλο για την οικογένειά μου. (μαγειρεύω)

4 대화를 잘 듣고 빈칸에 들어갈 말을 〈보기〉에서 골라 쓰세요. 🎧 09-3

| 보기 |

| θα πάμε | θα πάτε | θα κάνεις | καφεδάκι |
| περιμένω | σχέδια | μαζί | |

A: Γεια σου, Νίκη! Τι _____ μετά το μάθημα;

B: Δεν έχω _____ ακόμα. Γιατί;

A: Θα πάω για ένα _____ με την Σοφία.

B: Πού _____ ;

A: _____ στο κέντρο.

B: Ωραία, θα έρθω κι εγώ _____ σας.

A: Θα σε _____ στην τάξη μου.

ㅐㅇㅟ το ημερολόγιο 일기/달력. η πόρτα 문. το κοτόπουλο 닭고기. μετά 이후/다음에. ακόμα 아직.
η τάξη 교실

문화 산책

┃ 동전 앞면 이야기 ┃

그리스는 유럽연합, 유로존에 가입돼 있으며 2001년 1월 1일부터 유로화(EURO)를 사용하기 시작했습니다. 현재 19개 나라에서 3억 명이 넘는 사람들이 사용하는 유로화 동전의 앞면 디자인이 나라마다 각각 다르다는 것을 알고 계셨나요?

그리스의 2유로 동전에는 황소로 변신한 제우스를 타고 바다를 건너는 에우로페(Ευρώπη)의 모습이 그려져 있습니다. '유럽'이란 단어의 어원으로 알려

▶ 그리스 동전

진 그리스의 에우로페 신화를 동전 앞면에 디자인한 것입니다. 1유로 동전에는 기원전 5세기 아테네에서 쓰이던 드라크마화(δραχμή) 디자인을 기반으로, 아테네 여신의 부엉이와 함께 왼편에는 올리브 가지를 그려 넣었습니다. 50센트 동전에는 20세기 그리스를 대표하는 정치인이자 총리였던 엘레프테리오스 베니젤로스(Ελευθέριος Βενιζέλος)가, 20센트 동전에는 1828~1831년 그리스의 초대 대통령이었던 요안니스 카포디스트리아스(Ιωάννης Καποδίστριας)가 그려져 있습니다. 10센트 동전에는 18세기 그리스를 대표하는 문학가이자 계몽가인 리가스 벨레스틴리스(Ρήγας Βελεστινλής)가 그려져 있습니다. 그는 시인이자 작가였을 뿐만 아니라, 상인으로서 유럽과 오스만 제국, 러시아 등지에서 상업 활동을 하며 그리스 독립 운동에 크게 이바지한 인물로 평가받습니다. 5센트 동전에는 그리스의 대표 산업인 해운업을 상징하는 대형 유조선이, 2센트 동전에는 그리스 독립전쟁에 쓰였던 소형 전투군함인 콜베트함(Corvette)이, 그리고 1센트 동전에는 기원전 5세기 아테네에서 쓰였던 3단노선 그림이 디자인되어 있습니다.

Θέλω μια χωριάτικη σαλάτα.

그릭 샐러드 하나 주세요.

회화

엘레니	메뉴판을 주세요.
웨이터	여기 있습니다. 그리고 이것은 와인 리스트입니다.
엘레니	그릭 샐러드 하나와 돼지고기 수블라키 한 접시 주세요.
웨이터	빵도 드시겠어요?
엘레니	아니요, 빵은 괜찮아요. 그리고 병 맥주 하나 주세요.
웨이터	감사합니다. 더 필요하신 것 있나요?
엘레니	아니요, 괜찮습니다.

Ελένη   Έναν κατάλογο, παρακαλώ.

Σερβιτόρος   Ορίστε. Και αυτός είναι ο κατάλογος των κρασιών.

Ελένη   Θέλω μια χωριάτικη σαλάτα και ένα πιάτο σουβλάκι χοιρινό.

Σερβιτόρος   Θέλετε και ψωμί;

Ελένη   Όχι, δε θέλω. Και ένα μπουκάλι μπύρας παρακαλώ.

Σερβιτόρος   Ευχαριστούμε. Θέλετε κάτι άλλο;

Ελένη   Όχι, εντάξει.

🔣 새 단어 및 표현

- ο κατάλογος 메뉴판. 목록
- το κρασί 와인
- χωριάτικος/η/ο 시골의
- η σαλάτα 샐러드
- το σουβλάκι 수블라키(요리 이름)
- το χοιρινό 돼지고기
- το ψωμί 빵
- το μπουκάλι 병
- η μπύρα 맥주

해석

마리아	니코스, 뭐 먹고 싶어?
니코스	나는 해산물을 먹을 거야.
마리아	나는 알레르기가 있어서 새우를 못 먹어.
니코스	정말? 너를 위해 스테이크를 주문할게.
마리아	고마워, 하지만 나는 샐러드 하나와 빵 조금이면 돼.
니코스	왜? 다이어트 하니?
마리아	응, 나는 살을 빼야 해.

Μαρία	Νίκο, τι θέλεις να φας;
Νίκος	Θα φάω θαλασσινά.
Μαρία	Εγώ δε μπορώ να τρώω γαρίδες γιατί είμαι αλλεργική.
Νίκος	Αλήθεια; Θα παραγγείλω μπριζόλα για σένα.
Μαρία	Ευχαριστώ, αλλά θέλω μόνο μια σαλάτα και λίγο ψωμί.
Νίκος	Γιατί; Κάνεις δίαιτα;
Μαρία	Ναι, πρέπει να χάσω κιλά.

새 단어 및 표현

- τα θαλασσινά 해산물
- η γαρίδα 새우
- αλλεργικός/ή/ό 알레르기의
- παραγγέλνω 주문하다 (단순미래: Θα παραγγείλω)

- η μπριζόλα 스테이크
- η δίαιτα 다이어트
- χάνω 잃다
- το κιλό 킬로그램(kg)

문법

1 μπορώ να ~(~할 수 있다)

μπορώ 보로는 영어의 can에 해당하는 단어로, '능력'을 나타냅니다. μπορώ와 να 뒤에 오는 동사 모두 주어의 수와 인칭에 맞게 어미를 일치시킵니다. να 뒤에 오는 동사의 형태는 단순미래형 θα 뒤에 오는 동사의 형태와 같습니다. 단, 지속적이거나 반복적인 동작이나 상태를 나타낼 때는 να 뒤에 동사의 현재형을 사용합니다.*

단수	1인칭	μπορώ		μαγειρέψω (μαγειρεύω 요리하다)
	2인칭	μπορείς		μαγειρέψεις
	3인칭	μπορεί	να	μαγειρέψει
복수	1인칭	μπορούμε		μαγειρέψουμε
	2인칭	μπορείτε		μαγειρέψετε
	3인칭	μπορούν(ε)		μαγειρέψουν(ε)

Μπορώ να μαγειρέψω **σήμερα**.   내가 오늘 요리할 수 있다.

Μπορείς να τρέξεις γρήγορα;   너는 빠르게 달릴 수 있니?

Εγώ δε μπορώ να τρώω γαρίδες.*   나는 새우를 먹을 수 없다.

2 πρέπει να ~(~해야 한다, ~임에 틀림없다)

πρέπει 쁘레삐는 영어의 must에 해당하는 단어로, '의무'와 '강한 추측'의 의미를 가집니다. πρέπει는 인칭에 따라 형태가 변화하지 않지만 να 뒤의 동사는 주어의 인칭에 따라 어미가 변화합니다.

단수	1인칭			ξυπνήσω (ξυπνάω 일어나다)
	2인칭			ξυπνήσεις
	3인칭	πρέπει	να	ξυπνήσει
복수	1인칭			ξυπνήσουμε
	2인칭			ξυπνήσετε
	3인칭			ξυπνήσουν(ε)

Πρέπει να ξυπνήσουμε νωρίς αύριο.   우리는 내일 일찍 일어나야 한다.

Ο Δημήτριος πρέπει να είναι ο φίλος της.

디미트리오스는 그녀의 남자친구임에 틀림이 없다.

3 μπορεί να ~ (~일지도 모른다, ~일 수도 있다)

μπορεί 보리는 영어의 may에 해당하는 단어로, '추측'을 나타냅니다. μπορεί는 인칭에 따라 형태가 변화하지 않지만 να 뒤에 오는 동사는 주어의 인칭에 따라 어미가 변화합니다.

				μιλήσω (μιλάω 말하다)
단수	1인칭			
	2인칭			μιλήσεις
	3인칭			μιλήσει
	1인칭	μπορεί	να	μιλήσουμε
복수	2인칭			μιλήσετε
	3인칭			μιλήσουν(ε)

Μπορεί να μιλήσουν για τα νέα.
그들은 뉴스에 대해 말하고 있을 수도 있다.

Μπορεί να βρέξει αύριο.
내일 비가 올지도 모른다.

4 복수 명사 · 형용사의 소유격

명사와 형용사가 소유격으로 사용될 때는 그 명사를 꾸며주는 관사도 소유격 형태를 씁니다. 기본 어순은 '소유격 정관사 + 소유격 형용사 + 소유격 명사'입니다.

● 복수 명사의 소유격

	남성	여성	중성
주격 단수	-ας/ης/ος	-α/η	-ο/ι/μα
	↓	↓	↓
소유격 복수	-ων	-ων	-ων/ιων/ματων

① 남성

(ο πατέρας 아버지) η δύναμη των πατέρων   아버지들의 힘
(ο καθηγητής 교수) τα μαθήματα των καθηγητών   교수들의 수업

② 여성

(η μητέρα 어머니) η αγάπη των μητέρων   어머니들의 사랑

(η αδελφή 자매) το δωμάτιο των αδελφών   자매들의 방

③ 중성

(το παιδί 아이) το παιχνίδι των παιδιών   아이들의 놀이

(το όνομα 이름) ο κατάλογος των ονομάτων   이름들의 목록

● 복수 형용사의 소유격

	남성	여성	중성
주격 단수	-ος	-α/η	-ο
	↓	↓	↓
소유격 복수	-ων	-ων	-ων

(ο καλός φίλος 좋은 친구)

η σχέση των καλών φίλων   좋은 친구들의 관계

(η ακριβή τσάντα 비싼 가방)

οι τιμές των ακριβών τσαντών   비싼 가방들의 가격

(το μεγάλο άγαλμα 큰 조각상)

το ύψος των μεγάλων αγαλμάτων   큰 조각상들의 높이

◆ 식료품, 과일　🎧 10-2

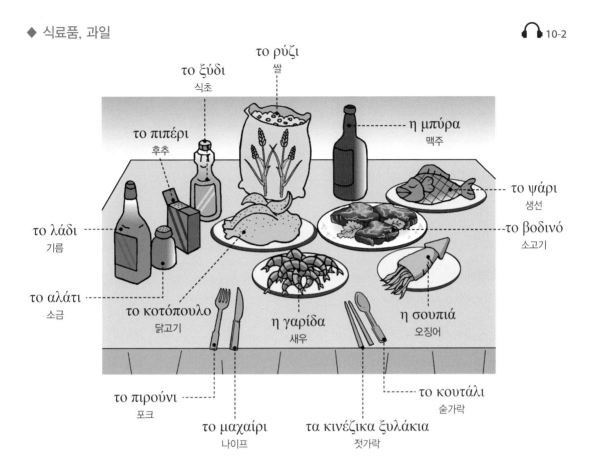

το ρύζι
쌀

το ξύδι
식초

το πιπέρι
후추

η μπύρα
맥주

το ψάρι
생선

το λάδι
기름

το βοδινό
소고기

το αλάτι
소금

το κοτόπουλο
닭고기

η γαρίδα
새우

η σουπιά
오징어

το πιρούνι
포크

το μαχαίρι
나이프

τα κινέζικα ξυλάκια
젓가락

το κουτάλι
숟가락

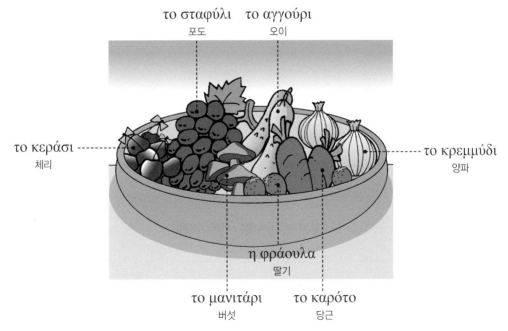

το σταφύλι
포도

το αγγούρι
오이

το κεράσι
체리

το κρεμμύδι
양파

η φράουλα
딸기

το μανιτάρι
버섯

το καρότο
당근

연습문제

1   주어진 의미에 맞게 빈칸에 들어갈 소유격 형태의 단어를 〈보기〉에서 골라 쓰세요.

| 보기 | παλιών   χώρων   γυναικών   δωματίων

(1) 다른 나라의 책들

     Τα βιβλία των άλλων _____.

(2) 방들의 열쇠들

     Τα κλειδιά των _____.

(3) 오래된 배들의 사진들

     Οι φωτογραφίες των _____ πλοίων.

(4) 여성 농구 국가 대표팀

     Η εθνική ομάδα καλαθοσφαίρισης _____.

2   주어진 의미에 맞게 빈칸을 채우세요.

(1) 나는 영어로 신문을 읽을 수 있다.

     _____ να διαβάζω εφημερίδα στα αγγλικά.

(2) 너는 저녁 7시까지 집에 돌아와야 한다.

     _____ να γυρίσεις στο σπίτι μέχρι τις 7 το βράδυ.

(3) 오늘 수업이 일찍 끝날지도 모른다.

     _____ να τελειώσει νωρίς σήμερα το μάθημα.

(4) 나는 미국에 가고 싶다.

     _____ να πάω στην Αμερική.

새어휘   εθνικός/ή/ό 국립의, 국가의. η ομάδα 팀, 그룹

3 소유격 단어에 밑줄을 치세요.

(1) Τι είναι η αγάπη των γονιών;

(2) Ψάχνω το κλειδί του αυτοκινήτου.

(3) Φτιάχνω τη λίστα των καινούργιων μαθημάτων.

(4) Η τσάντα της φίλης μου είναι καινούργια.

(5) Το δωμάτιό του μικρού αδελφού μου είναι εκεί.

4 대화를 잘 듣고 빈칸에 들어갈 말을 〈보기〉에서 골라 쓰세요. 🎧 10-3

| 보기 |
| πρέπει να   θα κάνεις   έχεις |
| θα διαβάζω   θέλω |

A: Γεια σου Ελένη, τι _____ σήμερα;

B: _____ στη βιβλιοθήκη όλη τη μέρα.

A: Κι εγώ _____ να έρθω μαζί σου.

B: Γιατί; _____ εξετάσεις;

A: Ναι, έχω δύο την άλλη εβδομάδα. _____ περάσω.

🆕어휘 φτιάχνω 만들다. η λίστα 목록. η βιβλιοθήκη 도서관. η εξέταση 시험. περνάω(ώ) 보내다, 통과하다

문화산책 ─────────

┃ 그리스의 음식 문화 ┃

그리스인들의 장수 비결로도 꼽힌 그리스의 음식은 대표적인 지중해 음식 문화 중 하나입니다. 오랜 역사를 자랑하는 그리스의 와인과 올리브는 그리스를 대표하는 특산품으로, 그리스인들의 식탁에서 빠지지 않습니다. 고대 그리스의 기록에도 남아 있듯이, 따뜻한 그리스의 날씨는 포도와 올리브를 재배하기에 적합하여 질 좋은 와인과 올리브유를 생산해냅니다. 그리스는 전세계에서 올리브를 가장 많이 소비하는 국가로, 그리스 음식의 조리 과정에서 올리브

▶ 그리스 음식

와 올리브유가 다양하게 활용됩니다. 또한, 발칸반도 끝에 위치한 그리스는 6,000개의 섬들과 긴 해안선을 보유하고 있어 풍부한 해산물 요리를 맛볼 수 있습니다. 뿐만 아니라, 그리스는 평지가 적고 산지가 국토의 대부분을 차지하고 있어 낙농업이 발달하였습니다. 염소의 젖으로 만든 φέτα 페타치즈는 그릭 샐러드에 들어가는 주재료로, 한국의 대형마트에서도 구입할 수 있습니다.

한편, 그리스의 음식 문화는 터키와 비슷한 부분이 많습니다. 이는 약 400년 동안 오스만 제국의 지배를 받은 영향도 있지만, 소아시아 전쟁 이후 1923년 양국간에 체결된 '인구대교환정책'으로 인해 터키에 거주하던 130만 명의 그리스인들이 한꺼번에 그리스로 이주한 것이 큰 원인이 되었습니다. 터키의 대표적인 길거리 음식인 케밥과 그리스의 Γύρος 기로스는 비슷한 음식이며, 포도나무 잎에 고기를 넣고 말아서 만든 ντολμάς 돌마스, 터키의 대표적인 디저트인 μπακλαβάς 바끌라바스 등은 그리스에서 같은 이름으로 쓰이고 있습니다. 그리스의 식탁에는 렌틸콩 스프인 φασολάδα 파솔라다, 가지 샐러드 μελιτζανοσαλάτα 멜리자노살라따 등 다양한 채식 메뉴도 있어 건강한 지중해 음식을 맛볼 수 있습니다.

Τι ώρα είναι τώρα;

지금 몇 시예요?

회화

해석

니코스 마리아, 지금 몇 시야?
마리아 8시 정각이야.
니코스 벌써? 나는 일하러 가야 해.
마리아 오늘 일 몇 시에 끝나?
니코스 5시에. 왜?
마리아 너 일 끝나고 같이 밥 먹으러 갈래?
니코스 좋은 생각이야.
마리아 5시 10분에 1층에서 너를 기다릴게.

Νίκος   Μαρία, τι ώρα είναι τώρα;

Μαρία   Είναι οχτώ ακριβώς.

Νίκος   Κιόλας; Πρέπει να φύγω για δουλειά.

Μαρία   Τι ώρα θα τελειώσει η δουλειά σου σήμερα;

Νίκος   Στις πέντε. Γιατί;

Μαρία   Θέλεις να φάμε μαζί μετά τη δουλειά σου;

Νίκος   Καλή ιδέα.

Μαρία   Θα σε περιμένω στον πρώτο όροφο στις πέντε και δέκα.

새 단어 및 표현

- η ώρα 시간
- ακριβώς 정확히, 정각
- κιόλας 벌써
- τελειώνω 끝내다
- περιμένω 기다리다
- ο όροφος 층

130   The 바른 그리스어 첫걸음

엘레니 오늘 어디 갈까?

하리스 나는 국립박물관에 가고 싶어.

엘레니 오늘 며칠이야?

하리스 오늘은 3월 30일이야. 왜?

엘레니 박물관은 오후 4시에 닫아.

하리스 괜찮아. 아직 3시간이나 있네.

Ελένη   Πού θα πάμε σήμερα;

Χάρης   Θέλω να πάω στο Εθνικό Μουσείο.

Ελένη   Τι ημερομηνία έχουμε σήμερα;

Χάρης   Σήμερα είναι 30 Μαρτίου. Γιατί;

Ελένη   Το Μουσείο είναι κλειστό στις τέσσερις το απόγευμα.

Χάρης   Καλά. Έχουμε ακόμα τρεις ώρες.

TIP

* 그리스의 공공기관과 관광지들은 동절기/하절기로 나뉘어 요일마다 다르게 운영됩니다. 운영 시간이 자주 변동되니 홈페이지에서 미리 확인 후 방문하는 것이 좋습니다.
* 국립박물관 운영시간
  동절기(11월 1일 ~ 4월 12일) : 화요일 13:00–20:00   수~월요일 08:30–16:00
  하절기(4월 13일 ~ 10월 31일): 화요일 12:30–20:00   수~월요일 08:00–20:00

🔊 **새 단어** 및 **표현**

- □ εθνικός/ή/ό 국립의, 국가의
- □ το μουσείο 박물관
- □ η ημερομηνία 날짜
- □ κλειστός/ή/ό 닫힌, 닫은
- □ το απόγευμα 오후

문법

1 서수

서수도 다른 형용사와 마찬가지로 수식하는 명사의 성·수·격에 따라 어미가 변화합니다. 다음은 서수의 주격 형태이며, 앞에서 학습한 형용사의 격 변화 규칙과 동일한 형태로 격 변화합니다.

1ος/1η/1ο	πρώτος/η/ο	7ος/7η/7ο	έβδομος/η/ο
2ος/2η/2ο	δεύτερος/η/ο	8ος/8η/8ο	όγδοος/η/ο
3ος/3η/3ο	τρίτος/η/ο	9ος/9η/9ο	ένατος/η/ο
4ος/4η/4ο	τέταρτος/η/ο	10ος/10η/10ο	δέκατος/η/ο
5ος/5η/5ο	πέμπτος/η/ο	11ος/11η/11ο	ενδέκατος/η/ο εντέκατος/η/ο
6ος/6η/6ο	έκτος/η/ο	12ος/12η/12ο	δωδέκατος/η/ο

Μένω στον πέμπτο όροφο.　　나는 5층에 삽니다.

Η Δευτέρα είναι η δεύτερη μέρα της εβδομάδας.
월요일은 일주일의 두 번째 날입니다.

Δεν καταλαβαίνω την τρίτη ερώτηση.　　세 번째 질문을 이해하지 못하겠습니다.

2 시간 말하기

시간은 기수를 이용하여 말합니다. '시간'이란 뜻의 ώρα 오라가 여성 명사이기 때문에 시간은 기수의 여성형으로 쓰고, '분'이란 뜻의 λεπτό 렙또는 중성 명사이기 때문에 분은 기수의 중성형으로 씁니다. 시간을 말할 때는 '시'나 '분'이라는 단어를 따로 쓰지 않고, '그리고'라는 뜻의 접속사 και를 써서 '시 + και + 분' 형식으로 말할 수 있습니다. 기수는 8과 참고

● 시간 묻기

Τι ώρα είναι;　　지금 몇 시입니까? (존댓말, 반말)

Τι ώρα έχεις;　　지금 몇 시야? (반말)

Τι ώρα έχετε;　　지금 몇 시예요? (존댓말)

● 시간 말하기

시간을 말할 때는 'Η ώρα είναι + 시간' 형식으로 말합니다.

1:00		μία/μια.
4:15		τέσσερις και δεκαπέντε/τέταρτο①.
5:20		πέντε και είκοσι.
6:25		έξι και είκοσι πέντε.
7:30	Η ώρα είναι	εφτά και τριάντα/μισή②.
9:40		εννιά και σαράντα.
10:45		δέκα και σαράντα πέντε./ έντεκα παρά③ τέταρτο.(11시 15분 전)
11:50		έντεκα και πενήντα./ δώδεκα παρά③ δέκα.(12시 10분 전)
12:55		δώδεκα και πενήντα πέντε.

① τέταρτο: 4분의 1, 15분

② μισή: 2분의 1, 30분

③ παρά ~: ~분 전

3 날짜 말하기

날짜는 '일–월–연도' 순으로 말합니다.

● 일

일은 '1일'을 제외하고는 기수를 사용합니다. '날짜'라는 뜻의 ημερομηνία 이메로미니아가 여성형이기 때문에 1, 3, 4는 기수 형용사 여성형을 사용합니다. '1일'은 서수를 사용하며, 마찬가지로 여성형을 씁니다.

1일	πρώτη	21일	είκοσι μια
3일	τρεις	23일	είκοσι τρεις
4일	τέσσερις	24일	είκοσι τέσσερις

문법

● 월

'월'은 소유격 형태를 사용합니다.

＊월의 소유격 형태

1월의	Ιανουαρίου	5월의	Μαΐου	9월의	Σεπτεμβρίου
2월의	Φεβρουαρίου	6월의	Ιουνίου	10월의	Οκτωβρίου
3월의	Μαρτίου	7월의	Ιουλίου	11월의	Νοεμβρίου
4월의	Απριλίου	8월의	Αυγούστου	12월의	Δεκεμβρίου

Τι ημερομηνία έχουμε σήμερα;　　오늘은 며칠입니까?

Σήμερα είναι τρεις Αυγούστου 2019.　　오늘은 2019년 8월 3일입니다.

Το μουσείο είναι κλειστό στην πρώτη Ιανουαρίου.

박물관은 1월 1일에 문을 닫는다.

● 연도

연도는 기수로 읽습니다.

＊기수 100~1000

100	200	300	400	500
εκατό	διακόσια	τριακόσια	τετρακόσια	πεντακόσια
600	700	800	900	1000
εξακόσια	εφτακόσια/επτακόσια	οχτακόσια/οκτακόσια	εννιακόσια	χίλια

＊το + 년도: ~년도에

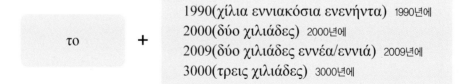

το ＋ 1990(χίλια εννιακόσια ενενήντα) 1990년에
2000(δύο χιλιάδες) 2000년에
2009(δύο χιλιάδες εννέα/εννιά) 2009년에
3000(τρεις χιλιάδες) 3000년에

Γεννήθηκα* το 1995(χίλια εννιακόσια ενενήντα πέντε).

나는 1995년에 태어났다.

＊ γεννιέμαι '태어나다'의 1인칭 단순과거형

● ~(요일, 월, 시간, 날짜)에

* 정관사 + 요일 목적격: ~요일에

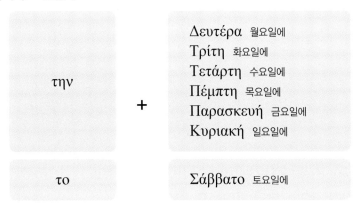

την +

Δευτέρα 월요일에
Τρίτη 화요일에
Τετάρτη 수요일에
Πέμπτη 목요일에
Παρασκευή 금요일에
Κυριακή 일요일에

το

Σάββατο 토요일에

Την Τρίτη θα πάω στο μουσείο. 화요일에 나는 박물관에 갈 것이다.
Ο Γιάννης θα φύγει το Σάββατο. 야니스는 토요일에 떠날 것이다.

* 정관사 + 월 목적격: ~월에

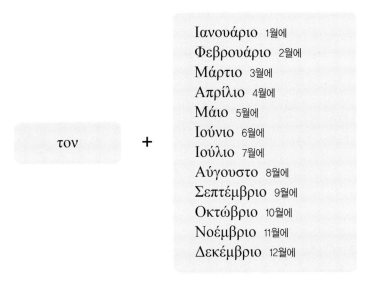

τον +

Ιανουάριο 1월에
Φεβρουάριο 2월에
Μάρτιο 3월에
Απρίλιο 4월에
Μάιο 5월에
Ιούνιο 6월에
Ιούλιο 7월에
Αύγουστο 8월에
Σεπτέμβριο 9월에
Οκτώβριο 10월에
Νοέμβριο 11월에
Δεκέμβριο 12월에

Τον Φεβρουάριο έχω τα γενέθλιά μου. 2월에 내 생일이 있어.
Το δεύτερο εξάμηνο αρχίζει τον Σεπτέμβριο. 두 번째 학기는 9월에 시작한다.

＊전치사 σε와 정관사의 결합형 + 시간: ～시에

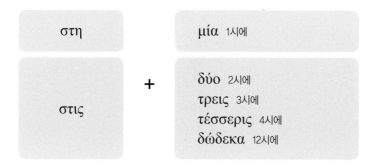

στη		μία 1시에
στις	+	δύο 2시에 τρεις 3시에 τέσσερις 4시에 δώδεκα 12시에

Πάω στο σχολείο στις εφτά και μισή το πρωί.　나는 아침 7시 30분에 학교에 가.

Το παιδί μου πάει για ύπνο στις έντεκα.　나의 아이는 11시에 잔다.

＊전치사 σε와 정관사의 결합형 + 날짜: ～(날짜)에

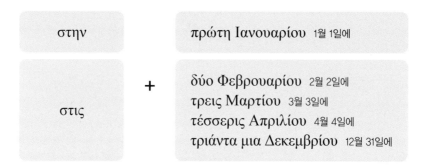

στην		πρώτη Ιανουαρίου 1월 1일에
στις	+	δύο Φεβρουαρίου 2월 2일에 τρεις Μαρτίου 3월 3일에 τέσσερις Απριλίου 4월 4일에 τριάντα μια Δεκεμβρίου 12월 31일에

Θα πάω στην Κορέα στις 15(δεκαπέντε) Μαρτίου.

나는 3월 15일에 한국에 갈 것이다.

◆ 월(o μήνας) 🎧 11-2

o Ιανουάριος/Γενάρης	1월	o Ιούλιος/Ιούλης	7월
o Φεβρουάριος/Φλεβάρης	2월	o Αύγουστος	8월
o Μάρτιος/Μάρτης	3월	o Σεπτέμβριος/Σεπτέμβρης	9월
o Απρίλιος/Απρίλης	4월	o Οκτώβριος/Οκτώβρης	10월
o Μάιος/Μάης	5월	o Νοέμβριος/Νοέμβρης	11월
o Ιούνιος/Ιούνης	6월	o Δεκέμβριος/Δεκέμβρης	12월

◆ 때, 시간

η προηγούμενη εβδομάδα	지난주	o επόμενος μήνας	다음달
αυτή η εβδομάδα	이번 주	πέρυσι	작년
η επόμενη εβδομάδα	다음주	φέτος	올해
o προηγούμενος μήνας	지난달	του χρόνου	내년
αυτός o μήνας	이번 달		

προχτές	그저께	το πρωί	아침
χτες	어제	το μεσημέρι	점심
σήμερα	오늘	το βράδυ	저녁
αύριο	내일	η νύχτα	밤
μεθαύριο	모레	το απόγευμα	오후

* προ μεσημβρίας = π.μ. 오전   μετά μεσημβρίας = μ.μ. 오후

η εθνική γιορτή/ Εθνική Εορτή	국경일	το Πάσχα	부활절
η Πρωτοχρονιά	신정(1월 1일)	τα Χριστούγεννα	크리스마스

연습문제

1 주어진 의미에 맞게 빈칸에 들어갈 시간을 그리스어로 쓰세요.

(1) 나는 8시 20분에 학교에 간다.

Πηγαίνω στο σχολείο στις _____ και _____.

(2) 내 수업은 오후 3시에 시작한다.

Το μάθημά μου αρχίζει στις _____ το απόγευμα.

(3) 내 남편은 밤 9시에 돌아올 것이다.

Ο άντρας μου θα γυρίσει στις _____.

(4) 손목시계는 11시 15분 전에 멈춰 있다.

Το ρολόι σταματάει στις _____ _____ _____.

2 다음 문장을 해석하세요.

(1) Ο Νικόλας δεν έχει μάθημα κάθε Παρασκευή.

_____

(2) Θα πάω στην Ελλάδα στις είκοσι πέντε Ιουνίου.

_____

(3) Τα γενέθλιά του Ανδρέα είναι τέσσερις Οκτωβρίου.

_____

(4) Θα γυρίσω στην Κορέα στις τριάντα Αυγούστου του δύο χιλιάδες είκοσι.

_____

3 달력을 보고 빈칸에 들어갈 알맞은 숫자를 그리스어로 쓰세요.

Κυριακή	Δευτέρα	Τρίτη	Τετάρτη	Πέμπτη	Παρασκευή	Σάββατο
1 Γενέθλιά μου	2	3 μάθημα	4 μάθημα	5	6	7 Γάμος του Νικόλα
8	9	10 μάθημα	11 μάθημα	12	13 Ραντεβού με την Άννα	14
15 Ραντεβού με τη Σοφία	16	17 μάθημα	18 μάθημα	19	20	21
22	23	24 μάθημα	25 Εθνική Γιορτή	26 Γενέθλιά της μαμάς	27	28

(1) Τα γενέθλιά μου είναι _____ του μήνα.

(2) Έχω ραντεβού με την Άννα στις _____.

(3) Στις _____ _____ δε θα πάω στο μάθημα γιατί είναι

Εθνική Γιορτή.

4 대화를 잘 듣고 빈칸에 들어갈 말을 〈보기〉에서 골라 쓰세요. 11-3

| 보기 |
> κάνουμε   επτά/εφτά   εννέα/εννιά   πας   φούρνο

A: Μαμά, πού _____;

B: Πάω στο _____. Δεν έχουμε ψωμί για αύριο.

A: Τώρα είναι _____ και πενήντα. Σίγουρα είναι κλειστός.

B: Άντε, τι θα _____ αύριο το πρωί;

A: Θα πάω εγώ να αγοράσω ψωμί στις _____.

🆕 **새 어 휘**   το ραντεβού 약속. σίγουρα 확실히/분명히. άντε 자(감탄사)

┃ 3·25 그리스 독립기념일 ┃

3월 25일은 그리스인들에게 역사적으로 가장 의미 있는 날입니다. 1453년부터 368년 동안 이어진 오스만 제국의 지배로부터 해방을 선언한 날이기 때문입니다. 그리스인들은 1821년 3월 25일, 파트라(Πάτρα)의 라브라 수도원(Ιερά Μονή Αγίας Λαύρας)에서 그리스의 독립을 선언하며 독립전쟁을 개시하였습니다. 그리고 10여 년에 걸쳐 오스만 제국과 치열한 전쟁을 치르게 됩니다. 그리스 독립전쟁은 당시 오스만 제국 영토의 외부에

▶ 1971년에 발행된 그리스 독립전쟁 기념우표

위치한 루마니아 공국의 몰다비아, 왈라키아 지역에서 시작되어 그리스 전역에서 동시 다발적으로 전개되었습니다. 한편, 유럽에 낭만주의와 자유주의가 확산되어 수많은 젊은이들이 친(親)그리스 운동(Philhellenic Movement)을 펼치며 자발적으로 그리스 독립전쟁에 참전했는데, 특히 영국의 유명한 낭만파 시인인 바이런(Byron)의 참전과 죽음은 유럽인들의 가슴에 불을 지폈습니다.

시간이 흐르자 그리스 독립전쟁은 유럽 국가들의 이해관계에 따라 국제전의 양상으로 변모되었습니다. 그리스 연합군(영국-프랑스-러시아)은 오스만 제국에 대대적인 반격을 개시하였고, 1827년 나바리노 해전에서 대승을 거두었습니다. 이후 그리스 연합군은 1832년 6월에 콘스탄티노플 조약을 체결하면서 완전한 독립을 쟁취하게 됩니다.

이런 역사적 배경을 가진 3월 25일 독립기념일은 그리스의 가장 큰 공휴일 중 하나이며, 이날 그리스 각지에서는 독립기념일을 축하하는 퍼레이드와 각종 행사들이 진행됩니다.

12

Πόσων χρονών είστε;

당신은 몇 살이에요?

해석

마리아	니코스, 너는 몇 살이야?
니코스	22살. 너는?
마리아	나도 22살이야. 다음 월요일이면 나는 23살이 돼.
니코스	정말? 생일 때 뭐 할 거야?
마리아	아직 계획이 없어.
니코스	작년에는 뭘 했는데?
마리아	식당을 하나 예약하고 친구들이랑 같이 갔어.

Μαρία   Νίκο, πόσων χρονών είσαι;

Νίκος   Είκοσι δύο. Εσύ;

Μαρία   Κι εγώ είμαι είκοσι δύο. Την άλλη Δευτέρα θα είμαι είκοσι τριών.

Νίκος   Αλήθεια; Τι θα κάνεις στα γενέθλιά σου;

Μαρία   Δεν έχω ιδέα ακόμα.

Νίκος   Τι έκανες πέρυσι;

Μαρία   Έκλεισα μια ταβέρνα και πήγα με τους φίλους μου.

🔹 **새 단어 및 표현**

- □ Πόσων χρονών είσαι; 너는 몇 살이야?
- □ η ιδέα 생각, 계획
- □ κλείνω 예약하다, 닫다
- □ πέρυσι 작년
- □ η ταβέρνα 식당

해석

소피아	안드레아스, 어제 수업 후에 어디 갔었니?
안드레아스	도서관에 가서 공부했어요.
소피아	정말? 난 어제 영화관 근처에서 네가 네 친구들과 같이 있는 걸 봤어.
안드레아스	아… 죄송해요, 엄마.
소피아	왜 거짓말을 했니?
안드레아스	새로 나온 영화 시리즈가 보고 싶었어요.
소피아	좋아, 알겠어. 하지만 넌 오늘은 공부하러 가야 해.

Σοφία   Ανδρέα, πού πήγες χτες μετά το μάθημα;

Ανδρέας   Πήγα στη βιβλιοθήκη και διάβασα.

Σοφία   Αλήθεια; Σε είδα κοντά στο σινεμά με τους φίλους σου.

Ανδρέας   Αχ... συγνώμη, μαμά μου.

Σοφία   Γιατί μου είπες ψέματα;

Ανδρέας   Ήθελα να δω την καινούργια σειρά.

Σοφία   Καλά, το καταλαβαίνω. Αλλά σήμερα πρέπει να πας για διάβασμα.

새 단어 및 표현

- η βιβλιοθήκη 도서관
- κοντά 근처에
- το σινεμά 영화관
- το ψέμα 거짓말

- Ήθελα να ~ 나는 ~하고 싶었다
- η σειρά 시리즈, 순서
- καταλαβαίνω 이해하다, 알다

문법

1 단순과거

단순과거 시제는 과거의 어느 시점에서 완전히 끝난 행동이나 사건에 대해 말할 때 사용합니다. 능동형 동사의 모든 유형의 단순과거 어미는 동일합니다.

● A유형 동사의 단순과거

동사의 과거 시제는 강세가 끝에서 세 번째 음절에 옵니다. 3음절 미만의 동사는 단어 맨 앞에 'έ-'를 붙여서 3음절이 되게 합니다. 어미 앞의 자음은 미래형과 똑같이 변화합니다.

현재	단순과거			
	자음 변화		인칭별 어미 변화	
κλείνω 닫다 πληρώνω 지불하다 αγοράζω 사다 διαβάζω 읽다 ετοιμάζω 준비하다	-ν- -ζ- → -σ-	έκλεισα πλήρωσα αγόρασα διάβασα ετοίμασα	**κλείνω** έκλεισα έκλεισες έκλεισε	κλείσαμε κλείσατε έκλεισαν/ κλείσανε
διδάσκω 가르치다 ανοίγω 열다 τρέχω 달리다 φτιάχνω 만들다 παίζω 놀다	-σκ- -γ- -χ- → -ξ- -χν- -ζ-	δίδαξα άνοιξα έτρεξα έφτιαξα έπαιξα	**διδάσκω** δίδαξα δίδαξες δίδαξε	διδάξαμε διδάξατε δίδαξαν/ διδάξανε
κόβω 자르다 γράφω 쓰다	-β- -φ- → -ψ-	έκοψα έγραψα	**κόβω** έκοψα έκοψες έκοψε	κόψαμε κόψατε έκοψαν/ κόψανε
δουλεύω 일하다 μαγειρεύω 요리하다	-εύ- → -εψ-	δούλεψα μαγείρεψα	**δουλεύω** δούλεψα δούλεψες δούλεψε	δουλέψαμε δουλέψατε δούλεψαν/ δουλέψανε

Τι αγόρασες;　　너는 무엇을 샀니?

Άνοιξα τα παράθυρα.　　나는 창문들을 열었다.

Έγραψε το όνομά του στο βιβλίο.　　그는 책에 그의 이름을 썼다.

● 단순미래형이 현재형과 같은 동사의 단순과거

현재	είμαι ~이다	έχω 가지다	κάνω 하다	ξέρω 알다	πάω 가다	περιμένω 기다리다
단순 과거	ήμουν(α)	είχα	έκανα	ήξερα	πήγα	περίμενα
	ήσουν(α)	είχες	έκανες	ήξερες	πήγες	περίμενες
	ήταν(ε)	είχε	έκανε	ήξερε	πήγε	περίμενε
	ήμαστε/ ήμασταν	είχαμε	κάναμε	ξέραμε	πήγαμε	περιμέναμε
	ήσαστε/ ήσασταν	είχατε	κάνατε	ξέρατε	πήγατε	περιμένατε
	ήταν(ε)	είχαν(ε)	έκαναν/ κάνανε	ήξεραν/ ξέρανε	πήγαν(ε)	περίμεναν/ περιμένανε

Αυτή έκανε ψώνια την Τρίτη.　　그녀는 화요일에 쇼핑을 했다.

Πού πήγατε το σαββατοκύριακο;　　주말에 어디 갔었어요?

Περίμεναν την απάντησή της.　　그들은 그녀의 대답을 기다렸다.

● A유형 중 단순과거형이 불규칙으로 변하는 동사

현재	βλέπω 보다	δίνω 주다	θέλω 원하다	μαθαίνω 배우다	μένω 살다	πίνω 마시다	φεύγω 떠나다
단순 과거	είδα	έδωσα	θέλησα	έμαθα	έμεινα	ήπια	έφυγα
	είδες	έδωσες	θέλησες	έμαθες	έμεινες	ήπιες	έφυγες
	είδε	έδωσε	θέλησε	έμαθε	έμεινε	ήπιε	έφυγε
	είδαμε	δώσαμε	θελήσαμε	μάθαμε	μείναμε	ήπιαμε	φύγαμε
	είδατε	δώσατε	θελήσατε	μάθατε	μείνατε	ήπιατε	φύγατε
	είδαν(ε)	έδωσαν/ δώσανε	θέλησαν/ θελήσανε	έμαθαν/ μάθανε	έμειναν/ μείνανε	ήπιαν(ε)	έφυγαν/ φύγανε

Χθες είδα μια ταινία στον κινηματογράφο.　　어제 영화관에서 영화 한 편을 보았다.

Σήμερα αυτός έμαθε ένα ποίημα στο σχολείο.　　그는 오늘 학교에서 시 한 편을 배웠다.

Μείναμε σε ένα πολύ ωραίο ξενοδοχείο.　　우리는 아주 좋은 한 호텔에서 머물렀다.

 문법

● '모음 + -ω'유형 동사의 단순과거

현재	ακούω 듣다	λέω 말하다	κλαίω 울다	τρώω 먹다
단순 과거	άκουσα	είπα	έκλαψα	έφαγα
	άκουσες	είπες	έκλαψες	έφαγες
	άκουσε	είπε	έκλαψε	έφαγε
	ακούσαμε	είπαμε	κλάψαμε	φάγαμε
	ακούσατε	είπατε	κλάψατε	φάγατε
	άκουσαν/ ακούσανε	είπαν(ε)	έκλαψαν/ κλάψανε	έφαγαν/ φάγανε

Άκουσα μια ελληνική μουσική.　나는 그리스 음악 한 곡을 들었다.

Τι είπε ο Γιώργος χτες το βράδυ;　어제 밤에 요르고스가 무슨 얘기를 했어?

Τι φάγατε για βραδινό;　저녁으로 무엇을 먹었어요?

● B유형 동사의 단순과거

B유형의 단순미래형에서 θα를 제외하고 어미를 과거형 어미로 바꾸면 단순과거형이 됩니다. 강세는 끝에서 세 번째 음절에 옵니다.

① B1유형

현재	(단순미래) →	단순과거	인칭별 어미 변화	
μιλάω/ώ 말하다 αγαπάω/ώ 사랑하다 απαντάω/ώ 대답하다 ρωτάω/ώ 묻다 ζητάω/ώ 요청하다 νικάω/ώ 이기다 φιλάω/ώ 키스하다 βοηθάω/ώ 돕다	θα μιλήσω θα αγαπήσω θα απαντήσω θα ρωτήσω θα ζητήσω θα νικήσω θα φιλήσω θα βοηθήσω	μίλησα αγάπησα απάντησα ρώτησα ζήτησα νίκησα φίλησα βοήθησα	**μιλάω/ώ** μίλησα μίλησες μίλησε	μιλήσαμε μιλήσατε μίλησαν/ μιλήσανε
πεινάω/ώ 배고프다 διψάω/ώ 목마르다 γελάω/ώ 웃다	θα πεινάσω θα διψάσω θα γελάσω	πείνασα δίψασα γέλασα	**πεινάω/ώ** πείνασα πείνασες πείνασε	πεινάσαμε πεινάσατε πείνασαν/ πεινάσανε

| φοράω/ώ 입다
πονάω/ώ 아프다 | θα φορέσω
θα πονέσω | → | φόρεσα
πόνεσα | **φοράω**
φόρεσα
φόρεσες
φόρεσε | φορέσαμε
φορέσατε
φόρεσαν/
φορέσανε |

② B2유형

현재	(단순미래)	→	단순과거	인칭별 어미 변화	
οδηγώ 운전하다 τηλεφωνώ 전화하다	θα οδηγήσω θα τηλεφωνήσω	→	οδήγησα τηλεφώνησα	**οδηγώ** οδήγησα οδήγησες οδήγησε	οδηγήσαμε οδηγήσατε οδήγησαν/ οδηγήσανε
μπορώ 할 수 있다 παρακαλώ 부탁하다	θα μπορέσω θα παρακαλέσω	→	μπόρεσα παρακάλεσα	**μπορώ** μπόρεσα μπόρεσες μπόρεσε	μπορέσαμε μπορέσατε μπόρεσαν/ μπορέσανε

Βοηθήσαμε έναν άνδρα στον δρόμο.　　우리들은 그 길에서 한 남자를 도왔다.

Τηλεφωνήσατε σε μένα;　　저에게 전화하셨어요?

Δεν μπόρεσα να πάω στο σπίτι.　　나는 집에 갈 수 없었다.

2 나이 표현

나이를 말할 때는 '나이 + χρονών 흐로논/ετών' 에똔의 형식으로 말합니다. 'χρονών/ετών'은 '~살(세)'의 뜻을 가진 'χρόνος 흐로노스/έτος' 에또스의 복수 소유격입니다. 단, '1살'에서는 έτος의 단수 소유격인 'έτους' 에뚜스로 표현합니다. 나이는 기수의 소유격을 쓰는데, 1, 3, 4를 제외한 기수는 주격, 목적격, 소유격의 형태가 동일합니다.

Πόσων χρονών είσαι/είστε;　　너는 몇 살이야?/당신은 몇 살입니까?

Είμαι είκοσι τριών χρονών.　　나는 23살입니다.

ενός(1)	**+**	έτους (έτος의 단수 소유격)

| δύο(2) ἐντεκα(11) είκοσι ενός(21) | | |

δύο(2)
τριών(3)
τεσσάρων(4)
πέντε(5)

έντεκα(11)
δώδεκα(12)
δεκατριών(13)
δεκατεσσάρων(14)
δεκαπέντε(15)

είκοσι ενός(21)
είκοσι δύο(22)
είκοσι τριών(23)
είκοσι τεσσάρων(24)
είκοσι πέντε(25)

+

χρονών/ετών
(χρονός/έτος의
복수 소유격)

• πόσων

나이를 묻는 표현 Πόσων χρονών είσαι/είστε;에서 πόσων은 '얼마나 많은'이란 뜻을 가진 πόσος 의 남성 복수 소유격 형태입니다. πόσος는 뒤에 오는 명사의 성 · 수 · 격에 따라 다음과 같이 격 변화하며, 단 수형 뒤에는 셀 수 없는 명사가, 복수형 뒤에는 셀 수 있는 명사의 복수형이 옵니다.

		남성	여성	중성	
단수	주격	πόσος	πόση	πόσο	(how much) + 셀 수 없는 명사
	목적격	πόσο(ν)	πόση	πόσο	
	소유격	πόσου	πόσης	πόσου	
복수	주격	πόσοι	πόσες	πόσα	(how many) + 셀 수 있는 명사
	목적격	πόσους	πόσες	πόσα	
	소유격	πόσων	πόσων	πόσων	

Πόσο νερό πρέπει να πιω; 제가 얼마나 많은/얼만큼의 물을 마셔야 합니까?

Πόσα χρήματα έχεις; 너는 얼만큼의 돈을 가지고 있니?

* '돈'이란 뜻의 χρήματα는 중성 복수형이기 때문에 구체적으로 셀 수 있는 돈의 단위를 의미하지 않아도 πόσος의 중성 복수형을 사 용합니다.

◆ 장소

12-2

το σχολείο	학교(초 · 중 · 고)	το δικαστήριο	법원
το πανεπιστήμιο	대학교	το εστιατόριο	레스토랑
η βιβλιοθήκη	도서관	η αγορά	시장
το βιβλιοπωλείο	서점	το σούπερ μάρκετ	슈퍼마켓
το νοσοκομείο	종합병원	το κρεοπωλείο	정육점
το φαρμακείο	약국	το καθαριστήριο	세탁소
η τράπεζα	은행	το κομμωτήριο	미용실
το ταχυδρομείο	우체국	το σινεμά/ ο κινηματογράφος	영화관
το αεροδρόμιο	공항	το παλάτι	궁전
το ξενοδοχείο	호텔	η εκκλησία	교회
το μουσείο	박물관	το βενζινάδικο	주유소
η πινακοθήκη	미술관	ο φούρνος	빵집
το πάρκο	공원	το καφέ/η καφετέρια	카페
η εταιρεία	회사	το ζαχαροπλαστείο	제과점
το αστυνομικό τμήμα	경찰서	το λιμάνι	항구
το δημαρχείο	시청		

연습문제

1 빈칸에 인칭별 단순과거형 동사를 쓰세요.

단수	1인칭	αγόρασα			
	2인칭			είδες	
	3인칭		έγραψε		
복수	1인칭				απαντήσαμε
	2인칭				
	3인칭				

2 괄호 안의 동사를 단순과거형으로 바꾸어 빈칸에 쓰세요.

(1) Εγώ _____ κοτόπουλο για την οικογένειά μου. (μαγειρεύω)

(2) Η Μαρία _____ αγγλικά στα παιδιά. (διδάσκω)

(3) Ο Γιώργος _____ ένα πολύ ωραίο αυτοκίνητο. (έχω)

(4) Οι φίλοι μου _____ τα ονόματά τους στο χαρτί. (γράφω)

(5) Εγώ _____ ένα βιβλίο στο δωμάτιό μου. (διαβάζω)

(6) Εμείς δε _____ στα Χριστούγεννα. (δουλεύω)

3 다음 문장을 그리스어로 쓰세요.

(1) 마리아, 너는 몇 살이야?

_____

(2) 니코스는 몇 살입니까?

_____

(3) 우리들은 28살이에요.

_____

(4) 미할리스 씨는 54세입니다.

_____

4 대화를 잘 듣고 빈칸에 들어갈 말을 〈보기〉에서 골라 쓰세요.   🎧 12-3

| 보기 |

| ήταν | τέσσερις | χρόνου | πήγες |
| έμαθα | έμεινες | άρεσε | |

A: Ανδρέα, πώς ήταν το ταξίδι σου; Πού _____;

B: Πολύ ωραία _____. Πήγα στην Ιταλία και στη Γαλλία.

A: Πόσες μέρες _____;

B: Έμεινα _____ μέρες στην Ιταλία και πέντε μέρες στη Γαλλία.

A: Ωραία. Τι σου _____ στο Παρίσι;

B: Μ' άρεσαν πολύ τα μουσεία. _____ πολλά πράγματα.

A: Αλήθεια; Κι εγώ θα πάω στη Γαλλία του _____.

새⊙휘 το πράμα/πράγμα 것. 물건. 문제

I 그리스 왕가 이야기 I

그리스는 불과 45여 년 전만 해도 왕이 있는 입헌군주국이었습니다. 1832년 오스만 제국으로부터 독립한 그리스의 국민들은 민주정을 바랐지만 영국-프랑스-러시아의 협상 결과에 따라 군주정이 채택되어, 독일 바이에른 비텔스바흐 왕가의 차남인 오톤(Οθων)을 그리스의 1대 국왕으로 맞이하게 됩니다. 취임 당시 오톤 국왕의 나이가 17세에 불과하였기 때문에 바이에른 궁정에서 파견한 3명의 관료에 의해 국정이 운영되었고, 이 영향으로 그리스는 주로 독일식 모델에 입각한 근대화를 추진하게 됩니다. 1862년 오톤 왕이 퇴임하자, 덴마크 글뤽스부르크 왕가의 왕자인 요르고스 1세(Γεώργιος Α')가 그리스의 2대 국왕으로 취임하게 됩니다.

▶ 그리스 국회의사당

한편, 왕에게는 총리 임명 권한이 있었는데 왕이 다수당에서 총리를 임명하지 않고, 자신의 구미에 맞는 인물을 총리로 임명하는 일이 잦아지자 그리스 정치에 큰 혼란이 초래되었습니다. 이로 인해 그리스에서는 1864년부터 1910년까지 정권이 무려 70번이나 바뀌었습니다. 그리스인들은 왕의 존재를 그리스 정치 병폐의 가장 큰 원인 중 하나로 지적했고, 이후 1974년에 실시된 국민투표에서 유권자의 70%가 왕정 폐지에 투표함으로써 그리스 군주제는 막을 내리게 됩니다. 그리스 왕가는 141년 동안 총 7명의 왕에 의해 이어졌으나, 왕정이 폐지된 이후 왕들이 머물던 궁전은 지금 국회의사당 건물로 쓰이고 있습니다. 아테네 신타그마 광장 정면에 그리스 국회의사당이 위치하고 있으며, 그 옆으로는 그리스의 1대 여왕인 아말리아(Αμαλία)에 의해 지어진 국립정원(Εθνικός Κήπος)이 자리잡고 있습니다.

Έχω πυρετό.

열이 있어요.

해석

마리아 안녕, 니코스. 어떻게 지내?

니코스 안녕, 마리아. 몸이 좋지 않은 것 같아.
열이 있어, 그리고 목도 아파.

마리아 감기 걸렸어?

니코스 그런 것 같아. 혹시 이 가까이에 약국
이 있을까?

마리아 응, 서점 옆에 하나 있어.

Μαρία Γεια σου, Νίκο. Τι κάνεις;

Νίκος Γεια σου, Μαρία. Δεν αισθάνομαι καλά.

Έχω πυρετό, και πονάει ο λαιμός μου.

Μαρία Έχεις γρίπη;

Νίκος Νομίζω ναι. Μήπως υπάρχει κάποιο φαρμακείο εδώ κοντά;

Μαρία Ναι, υπάρχει ένα δίπλα στο βιβλιοπωλείο.

🌼 새 단어 및 표현

- αισθάνομαι 느끼다
- ο πυρετός 열
- ο λαιμός 목
- η γρίπη 감기
- μήπως 혹시

- υπάρχει 있다
- κάποιο 어떤
- κοντά ~ ~ 가까이에
- δίπλα σε ~ ~ 옆에

해석

소피아	어때? 아직도 열이 있니?
안드레아스	네, 그리고 기침도 있어요.
	아… 지금 머리가 너무 아파요.
소피아	아이고. 병원에는 가봤어?
안드레아스	아니요, 내일 갈 거예요. 엄마,
	서랍에 아스피린 있어요?
소피아	응, 다행히 있네. 여기.
안드레아스	고마워요. 엄마, 저 오늘 아무것
	도 못 먹었어요.
소피아	잠깐만 기다려. 따뜻한 우유를 가
	져다 줄게.

Σοφία	Πώς είσαι; Έχεις πυρετό ακόμα;
Ανδρέας	Ναι, και έχω βήχα. Αχ... τώρα πονάει πολύ το κεφάλι μου.
Σοφία	Πω πω. Πήγες στο γιατρό;
Ανδρέας	Όχι, θα πάω αύριο. Μαμά, έχουμε ασπιρίνη στο συρτάρι;
Σοφία	Ναι, ευτυχώς. Ορίστε.
Ανδρέας	Ευχαριστώ. Μαμά, δεν μπόρεσα να φάω τίποτα σήμερα.
Σοφία	Ένα λεπτό. Σου φέρνω ζεστό γάλα.

💥 새 단어 및 표현

- ο βήχας 기침
- το κεφάλι 머리
- Πάω στο γιατρό 병원에 가다
- η ασπιρίνη 아스피린
- το συρτάρι 서랍
- ευτυχώς 다행히, 운 좋게
- φέρνω 가져오다, 옮기다

 문법

1 수동태

수동태는 주어가 동사의 대상이 되는 서술 형태로, 주어가 동사를 '하는' 것이 아닌 '당하는' 형태입니다. 동작의 주체는 '전치사 από + 목적격'의 형태로 씁니다. 동사의 수동태 형태는 주어의 인칭에 따라 어미가 다음과 같이 변화합니다.

● A유형 동사의 수동태

A유형 어미	αλλάζω 바꾸다	δίνω 주다
-ομαι	αλλάζομαι	δίνομαι
-εσαι	αλλάζεσαι	δίνεσαι
-εται	αλλάζεται	δίνεται
-όμαστε	αλλαζόμαστε	δινόμαστε
-εστε/-όσαστε	αλλάζεστε/αλλαζόσαστε	δίνεστε/δινόσαστε
-ονται	αλλάζονται	δίνονται

Αλλάζω το σχέδιο.　　나는 계획을 바꾼다.

Το σχέδιο αλλάζεται από εμένα.　　나에 의해 계획이 바뀐다.

Η Μαρία δίνει το βιβλίο στο Γιάννη.　　마리아는 야니스에게 그 책을 준다.

Το βιβλίο δίνεται στο Γιάννη από τη Μαρία.

그 책은 마리아로부터 야니스에게 주어진다.

● B1유형 동사의 수동태

B1유형 어미	αγαπάω 사랑하다	ξεχνάω 잊다
-ιέμαι	αγαπιέμαι	ξεχνιέμαι
-ιέσαι	αγαπιέσαι	ξεχνιέσαι
-ιέται	αγαπιέται	ξεχνιέται
-ιόμαστε	αγαπιόμαστε	ξεχνιόμαστε
-ιέστε/ιόσαστε	αγαπιέστε/αγαπιόσαστε	ξεχνιέστε/ξεχνιόσαστε
-ιούνται/ιόνται	αγαπιούνται/αγαπιόνται	ξεχνιούνται/ξεχνιόνται

Η Ελένη αγαπάει το Νίκο.　　엘레니는 니코스를 사랑한다.

Ο Νίκος αγαπιέται από την Ελένη.　　니코스는 엘레니로부터 사랑받는다.

Δεν ξεχνάω την πρώτη αγάπη.   나는 첫사랑을 잊지 않는다.

Η πρώτη αγάπη δεν ξεχνιέται.   첫사랑은 잊혀지지 않는다.

● B2유형 동사의 수동태

B2유형 어미	καλώ 초대하다	χρησιμοποιώ 사용하다
-ούμαι	καλούμαι	χρησιμοποιούμαι
-είσαι	καλείσαι	χρησιμοποιείσαι
-είται	καλείται	χρησιμοποιείται
-ούμαστε	καλούμαστε	χρησιμοποιούμαστε
-είστε	καλείστε	χρησιμοποιείστε
-ούνται	καλούνται	χρησιμοπιούνται

Η Μαρία καλεί την Ελένη στο πάρτι.   마리아는 엘레니를 파티에 초대한다.

Η Ελένη καλείται στο πάρτι από τη Μαρία.   엘레니는 마리아로부터 파티에 초대된다.

Οι μαθητές χρησιμοποιούν αυτό το λεξικό.   학생들은 그 사전을 사용한다.

Αυτό το λεξικό χρησιμοποιείται από τους μαθητές.

그 사전은 학생들에 의해 사용된다.

● 능동태로만 쓰이는 동사

μένω 살다	μοιάζω 닮다	νιώθω 느끼다	ξέρω 알다	τρέχω 달리다
φεύγω 떠나다	λείπω 부재하다	αργώ 늦다	βγαίνω 나오다	κολυμπάω/ώ 수영하다

Ο Γιώργος μοιάζει του πατέρα του.   요르고스는 그의 아버지와 닮았다. *μοιάζω + 소유격

Η Μαρία κολυμπάει πολύ καλά.   마리아는 수영을 매우 잘한다.

Αυτή έλειψε χτες γιατί ήταν άρρωστη.   그녀는 어제 아파서 결석했다.

2   Γ유형 동사 (이태 동사)

그리스어에는 능동태, 수동태 동사 이외에 이태 동사라는 것이 있습니다. 이태 동사는 형태는 수동이지만 의미는 능동인 동사입니다. Γ유형 동사는 어미 변화에 따라 Γ1유형과 Γ2유형으로 구분합니다.

문법

- Γ1유형

-ομαι	έρχομαι 오다	εργάζομαι 일하다
-εσαι	έρχεσαι	εργάζεσαι
-εται	έρχεται	εργάζεται
-όμαστε	ερχόμαστε	εργαζόμαστε
-εστε/-όσαστε	έρχεστε/ερχόσαστε	εργάζεστε/εργαζόσαστε
-ονται	έρχονται	εργάζονται

- 자주 사용하는 Γ1유형 동사

γίνομαι 되다　　ντρέπομαι 부끄러워하다　　κάθομαι 앉다　　σκέφτομαι 생각하다

χρειάζομαι 필요하다　　χαίρομαι 기쁘다　　αισθάνομαι 느끼다

Έρχεται ο Νίκος;　　니코스는 오고 있니?

Εργάζομαι σε μια εταιρεία.　　나는 회사에서 일한다.

- Γ2유형

-άμαι	θυμάμαι 기억하다	κοιμάμαι 자다
-άσαι	θυμάσαι	κοιμάσαι
-άται	θυμάται	κοιμάται
-όμαστε	θυμόμαστε	κοιμόμαστε
-άστε/-όσαστε	θυμάστε/θυμόσαστε	κοιμάστε/κοιμόσαστε
-ούνται	θυμούνται	κοιμούνται

- 자주 사용하는 Γ2유형 동사

θυμάμαι 기억하다　　κοιμάμαι 자다　　λυπάμαι 슬퍼하다　　φοβάμαι 무서워하다

Θυμάσαι το Νίκο;　　너는 니코스를 기억하니?

Κοιμάμαι στις 12 κάθε μέρα.　　나는 매일 12시에 잔다.

◆ 신체　　　　　　　　　　　　　　　　　　　🎧 13-2

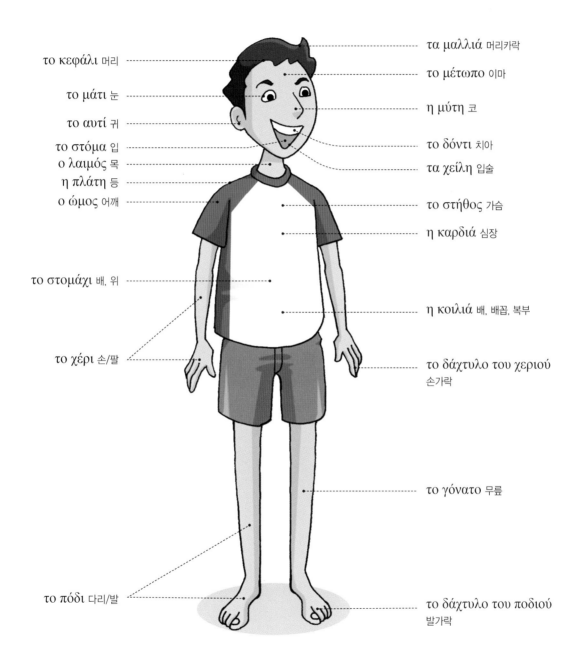

το κεφάλι 머리

το μάτι 눈

το αυτί 귀

το στόμα 입
ο λαιμός 목
η πλάτη 등
ο ώμος 어깨

το στομάχι 배, 위

το χέρι 손/팔

το πόδι 다리/발

τα μαλλιά 머리카락

το μέτωπο 이마

η μύτη 코

το δόντι 치아

τα χείλη 입술

το στήθος 가슴

η καρδιά 심장

η κοιλιά 배, 배꼽, 복부

το δάχτυλο του χεριού
손가락

το γόνατο 무릎

το δάχτυλο του ποδιού
발가락

연습문제

1 빈칸에 인칭별 수동태 동사를 쓰세요.

단수	1인칭		θυμάμαι	
	2인칭			
	3인칭	χαίρεται		
복수	1인칭			
	2인칭			
	3인칭			νικιούνται/ νικιόνται

2 빈칸에 알맞은 Γ유형 동사를 〈보기〉에서 골라 쓰세요.

| 보기 |

φοβάστε   χαίρομαι   ντρέπεται
κοιμάσαι   χρειαζόμαστε

(1) Ο Ανδρέας _____ τα κορίτσια.

(2) Ελένη, τι ώρα _____;

(3) _____ πολύ που ακούω τα νέα του.

(4) Δε _____ καινούργιο αυτοκίνητο.

(5) Κυρία Ηρώ, _____ το φάντασμα;

새어휘 το φάντασμα 유령

3 괄호 안의 동사를 수동태 형태로 바꾸어 빈칸에 쓰세요.

(1) Ο τίτλος του βιβλίου _____ από τον συγγραφέα. (αλλάζω)

(2) Τα παιδιά _____ από τους γονείς τους. (αγαπάω)

(3) Εμείς _____ στο πάρτι από τον Κώστα. (καλώ)

(4) Ένα ωραίο τραγούδι _____ στην τηλεόραση. (τραγουδάω)

(5) Οι τυρόπιτες _____ στον φούρνο. (ψήνω)

4 대화를 잘 듣고 빈칸에 들어갈 말을 〈보기〉에서 골라 쓰세요. 🎧 13-3

| 보기 |
| στομάχι   κοιμάμαι   πώς   ότι   άλλα |

A: Καλημέρα σας κυρία Μαρία. _____ είστε σήμερα;

B: Γιατρέ μου, δεν αισθάνομαι καλά. Πονάει το _____ μου και ζαλίζομαι.

A: Έχετε και _____ συμπτώματα;

B: Ναι, έχω και πονοκέφαλο. Δεν _____ καλά.

A: Χμμ... νομίζω _____ είναι λίγο σοβαρό. Πρέπει να κάνουμε εξέταση.

🆕🔤 ζαλίζομαι 어지럽다. το σύμπτωμα 증상. ο πονοκέφαλος 두통. σοβαρός/ή/ό 심각한/진지한

Ⅰ 그리스와 한국전쟁 Ⅰ

1950년 6월 25일 한국전쟁이 발발하자, 그리스는 유엔군의 일원으로 한국전쟁에 참전하게 됩니다. 피레우스항에서 23일 동안 배를 타고 부산항에 상륙한 그리스군은 '금오리 방어전', '이천 381고지전투', '용두리-홍천-춘천-화천 진격전', '연천 313고지전투', '철원지구 420고지전투' 등의 전장에서 작전을 수행하였습니다. 이렇게 그리스군은 1951년 1월 전선에 투입된 이후, 휴전협정이 체결된 1953년 7월까지 한국전쟁에서 크고 작은 활약을 했습니다. 뿐만 아니라, 1955년에 완전히 철수하기 이전까지 한국에 주둔하여 전후 재건 및 치안 유지 등 대민작전을 지속했습니다. 그리스군의 파병 규모는 미국, 영국, 캐나다, 터키에 이어 5번째로 큰 규모를 자랑하지만 안타깝게도 잘 알려져 있지 않습니다. 한편, 그리스에서 1821년 국가 수립 이후 현재까지 타국에 파병한 사례는 한국이 유일합니다.

매년 양국은 한국전쟁 참전용사들을 기념하는 행사를 개최하고 있으며, 그리스 아테네 소재 전쟁박물관(Πολεμικό Μουσείο Αθηνών)과 서울 용산 소재 전쟁기념관(The War Memorial of Korea)에 그리스의 한국전쟁 참전에 관한 전시 공간이 마련되어 있습니다.

〈그리스군의 한국전쟁 참전 기간 및 규모〉

	기간	규모
육군(보병대대)	1950.12.9 – 1955.12.11	10,184명
공군(수송대대)	1950.11.11 – 1955.5.23	397명, 수송기 7대

Έκλεισα ένα μονόκλινο.

싱글 룸 하나를 예약했어요.

해석

엘레니 안녕하세요. 싱글 룸 하나를 2박 예약했어요.
직원 안녕하세요. 여권 부탁드립니다.
엘레니 여기요. 조식을 방으로 받을 수 있나요?
직원 네, 가능합니다. 몇 시에 원하세요?
엘레니 아침 8시에요.
직원 알겠습니다. 여기 열쇠입니다. 손님 방은 3층에 있습니다. 카페는 프런트 오른쪽에 있고, 수영장은 주차장 뒤쪽에 있습니다.

Ελένη	Καλημέρα. Έκλεισα ένα μονόκλινο για δύο βράδια.
Προσωπικό	Καλημέρα σας. Το διαβατήριό σας παρακαλώ.
Ελένη	Ορίστε. Μπορώ να πάρω το πρωινό στο δωμάτιό μου;
Προσωπικό	Ναι, μπορείτε. Τι ώρα θέλετε;
Ελένη	Στις 8 το πρωί.
Προσωπικό	Μάλιστα. Ορίστε το κλειδί σας. Το δωμάτιό σας είναι στον τρίτο όροφο. Η καφετέρια είναι δεξιά από τη ρεσεψιόν και η πισίνα είναι πίσω από το πάρκινγκ.

🔵 새 단어 및 표현

□ κλείνω 예약하다, 닫다, 끄다
□ το μονόκλινο 싱글 룸
□ το διαβατήριο 여권
□ παίρνω 받다, 잡다

□ το πρωινό 아침 식사
□ η ρεσεψιόν 접수처, 프런트
□ η πισίνα 수영장
□ το πάρκινγκ 주차장

마리아 니코스, 이번 여름 어떻게 보냈어?

니코스 정말 잘 보냈어. 여름 내내 산토리니
에 있었어.

마리아 정말? 뭐 했어?

니코스 매일 아침마다 수영을 했어. 그리고
밤에는 책을 읽었어.

마리아 부럽다! 호텔은 어땠어?

니코스 정말 좋았어. 큰 수영장과 멋진 경치
가 보이는 발코니가 있었어.

Μαρία Νίκο, πώς πέρασες αυτό το καλοκαίρι;

Νίκος Πέρασα υπέροχα. Έμενα στη Σαντορίνη όλο το καλοκαίρι.

Μαρία Αλήθεια; Τι έκανες;

Νίκος Κολυμπούσα κάθε πρωί και διάβαζα βιβλία το βράδυ.

Μαρία Σε ζηλεύω! Πώς ήταν το ξενοδοχείο;

Νίκος Πολύ ωραίο. Είχε μεγάλη πισίνα και μπαλκόνι με ωραία θέα.

❖❖ 새 단어 및 표현

□ περνάω(-ώ) 보내다, 지나가다

□ υπέροχος/α/ο 좋은, 멋진, 훌륭한

□ η Σαντορίνη 산토리니

□ ζηλεύω 부러워하다, 질투하다

□ το μπαλκόνι 발코니

□ η θέα 경치

1 과거진행

그리스어의 과거진행 시제는 과거에 정기적 혹은 연속적으로 일어난 동작이나 상태를 이야기할 때 사용합니다.

● A유형 동사의 과거진행

과거진행형은 동사의 현재형 어간에 단순과거 어미를 붙입니다. 강세는 단순과거와 같이 끝에서 세 번째 음절에 위치합니다. 단순과거와 마찬가지로 3음절 미만의 단어는 강세가 붙은 'έ-'를 붙여서 3음절이 되게 합니다.

현재	αγοράζω 사다	γράφω 쓰다	δουλεύω 일하다
과거 진행	αγόραζα	έγραφα	δούλευα
	αγόραζες	έγραφες	δούλευες
	αγόραζε	έγραφε	δούλευε
	αγοράζαμε	γράφαμε	δουλεύαμε
	αγοράζατε	γράφατε	δουλεύατε
	αγόραζαν/αγοράζανε	έγραφαν/γράφανε	δούλευαν/δουλεύανε

> Ο Νίκος αγόραζε ένα βιβλίο κάθε μήνα.   니코스는 매달 책을 한 권 샀다.
>
> Έγραφα ένα ποίημα κάθε εβδομάδα.   나는 매주 시 한 편을 썼다.

A유형 동사 중 단순미래형이 불규칙인 동사의 과거진행형도 A유형 과거진행형과 같이 변화합니다.

A유형 동사의 단순미래 불규칙은 9과 참고

현재	βλέπω 보다	δίνω 주다	μαθαίνω 배우다	μένω 살다/머무르다	πίνω 마시다	φεύγω 떠나다
과거 진행	έβλεπα	έδινα	μάθαινα	έμενα	έπινα	έφευγα
	έβλεπες	έδινες	μάθαινες	έμενες	έπινες	έφευγες
	έβλεπε	έδινε	μάθαινε	έμενε	έπινε	έφευγε
	βλέπαμε	δίναμε	μαθαίναμε	μέναμε	πίναμε	φεύγαμε
	βλέπατε	δίνατε	μαθαίνατε	μένατε	πίνατε	φεύγατε
	έβλεπαν/ βλέπανε	έδιναν/ δίνανε	μάθαιναν/ μαθαίνανε	έμεναν/ μένανε	έπιναν/ πίνανε	έφευγαν/ φεύγανε

> Πέρυσι έβλεπα ταινία κάθε σαββατοκύριακο.   작년에 나는 주말마다 영화를 봤다.
>
> Έμενα στο Παρίσι κάθε καλοκαίρι.   나는 매 여름마다 파리에 머물렀다.

● B유형 동사의 과거진행

B1, B2유형 동사의 과거진행 형태는 동일합니다. 강세는 끝에서 세 번째 음절 위에 오는 것이 아니라 항상 -ού-에 위치합니다. 어미는 단순과거의 어미와 같습니다.

현재	B1유형 과거진행		B2유형 과거진행	
	αγαπάω 사랑하다	πεινάω 배고프다	ενοχλώ 괴롭히다	τηλεφωνώ 전화하다
과거 진행	αγαπούσα	πεινούσα	ενοχλούσα	τηλεφωνούσα
	αγαπούσες	πεινούσες	ενοχλούσες	τηλεφωνούσες
	αγαπούσε	πεινούσε	ενοχλούσε	τηλεφωνούσε
	αγαπούσαμε	πεινούσαμε	ενοχλούσαμε	τηλεφωνούσαμε
	αγαπούσατε	πεινούσατε	ενοχλούσατε	τηλεφωνούσατε
	αγαπούσαν(ε)	πεινούσαν(ε)	ενοχλούσαν(ε)	τηλεφωνούσαν(ε)

Πεινούσα όλο το πρωί.　나는 아침 내내 배가 고팠다.

Γιατί τηλεφωνούσες στον Κώστα κάθε μέρα;　왜 너는 매일 코스타스에게 전화했니?

● '모음 + -ω'유형 동사의 과거진행

과거진행 시제 어미 앞에 γ감마를 더해 줍니다. 현재형이 3음절 미만인 동사에는 맨 앞에 έ를 붙입니다.

현재	ακούω 듣다	λέω 말하다	κλαίω 울다	πάω/πηγαίνω 가다	τρώω 먹다
과거 진행	άκουγα	έλεγα	έκλαιγα	πήγαινα	έτρωγα
	άκουγες	έλεγες	έκλαιγες	πήγαινες	έτρωγες
	άκουγε	έλεγε	έκλαιγε	πήγαινε	έτρωγε
	ακούγαμε	λέγαμε	κλαίγαμε	πηγαίναμε	τρώγαμε
	ακούγατε	λέγατε	κλαίγατε	πηγαίνατε	τρώγατε
	άκουγαν/ ακούγανε	έλεγαν/ λέγανε	έκλαιγαν/ κλαίγανε	πήγαιναν/ πηγαίνανε	έτρωγαν/ τρώγανε

* 동사 πάω의 과거진행 형태는 πάω와 동의어인 A유형 동사 πηγαίνω와 과거진행 형태가 동일합니다.

Η φίλη μου έκλαιγε συχνά στο δωμάτιό της.　내 여자친구는 자주 방에서 울곤 했다.

Πέρυσι έτρωγα λαχανικά κάθε μέρα.　나는 작년에 매일 채소를 먹곤 했다.

2 장소 부사

● 전치사 σε와 함께 오는 장소 부사

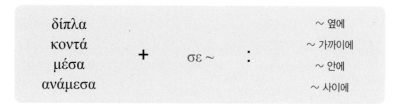

δίπλα		~ 옆에
κοντά	**+** σε ~ :	~ 가까이에
μέσα		~ 안에
ανάμεσα		~ 사이에

Το φαρμακείο είναι δίπλα στο σχολείο.　　약국은 학교 옆에 있다.

Το σχολείο είναι κοντά στο πάρκο.　　학교는 공원 가까이에 있다.

● 전치사 από와 함께 오는 장소 부사

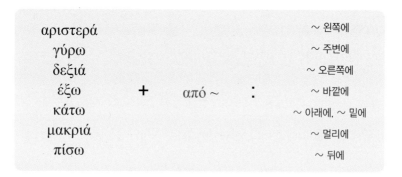

αριστερά		~ 왼쪽에
γύρω		~ 주변에
δεξιά		~ 오른쪽에
έξω	**+** από ~ :	~ 바깥에
κάτω		~ 아래에, ~ 밑에
μακριά		~ 멀리에
πίσω		~ 뒤에

Ο φούρνος είναι δεξιά από την τράπεζα.　　빵집은 은행 오른쪽에 있다.

Το μουσείο είναι πίσω από το βιβλιοπωλείο.　　박물관은 서점 뒤에 있다.

● 전치사 από 혹은 σε와 함께 오는 장소 부사

πάνω		~ 위에
μπροστά	**+** σε/από ~ :	~ 앞에
απέναντι		~ 맞은편에

Η στάση είναι μπροστά στο/από το σπίτι μου.　　정류장은 나의 집 앞에 있다.

Το καφέ είναι απέναντι στο/από το εστιατόριο.　　카페는 레스토랑 맞은편에 있다.

◆ 호텔　　　　　　　　　　　　　　　　　　　🎧 14-2

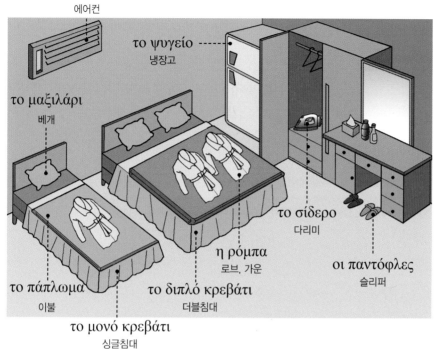

το κλιματιστικό
에어컨

το ψυγείο
냉장고

το μαξιλάρι
베개

το σίδερο
다리미

η ρόμπα
로브, 가운

οι παντόφλες
슬리퍼

το πάπλωμα
이불

το διπλό κρεβάτι
더블침대

το μονό κρεβάτι
싱글침대

η οδοντόβουρτσα
칫솔

το πιστολάκι μαλλιών
드라이기

το σαμπουάν
샴푸

η οδοντόκρεμα
치약

η χτένα
빗

ο καθρέφτης
거울

το σαπούνι
비누

η πετσέτα
수건

η μπανιέρα
욕조

η λεκάνη
변기

연습문제

1   괄호 안의 동사를 과거진행형으로 바꾸어 빈칸에 쓰세요.

(1) Ο Γιάννης _____ σε ένα εστιατόριο κάθε σαββατοκύριακο.
(δουλεύω)

(2) Εμείς _____ στην Αμερική κάθε φορά που πηγαίναμε διακοπές.
(μένω)

(3) Τα παιδιά _____ στο πάρκο μέχρι αργά. (παίζω)

(4) Εγώ _____ ένα γράμμα στους γονείς μου κάθε μήνα. (γράφω)

(5) Η Νίκη με _____ συνέχεια στο μάθημα. (βλέπω)

2   다음 동사들을 시제별로 구분하여 쓰세요.

διάβασα	έκλαιγα	ακούμε	πηγαίνουν
έφαγες	μαγειρεύαμε	ετοιμάζεις	άνοιξαν
τηλεφωνείτε	μάθαινα	δουλέψαμε	έπαιζε

현재형	단순과거형	과거진행형
ακούμε	διάβασα	

3 다음 지도를 보고 빈칸에 들어갈 알맞은 단어를 쓰세요.

εκκλησία	μουσείο	πάρκο
φαρμακείο	τράπεζα	καφετέρια	ξενοδοχείο

(1) Το φαρμακείο είναι δίπλα στην _____.

(2) Το μουσείο είναι πίσω από την _____.

(3) Η τράπεζα είναι ανάμεσα στο _____ και στην καφετέρια.

(4) Το ξενοδοχείο είναι απέναντι από την _____.

4 대화를 잘 듣고 빈칸에 들어갈 말을 〈보기〉에서 골라 쓰세요. 🎧 14-3

| 보기 |
| θέλετε   μείνετε   πέμπτο   θέλω |
| κλείσω   τρεις   πάρω |

A: Γεια σας. Θέλω να _____ ένα δωμάτιο για δύο άτομα.

B: Πόσες μέρες θα _____;

A: _____ μέρες.

B: Μάλιστα. Έχουμε ένα δωμάτιο στον _____ όροφο με θέα τη θάλασσα.

A: Ωραία, θα το _____.

B: Ευχαριστούμε πολύ. _____ και πρωινό;

A: Ναι, _____.

문화산책

Ⅰ 그리스의 하얀 집과 파란 지붕 Ⅰ

오늘날 우리는 그리스의 일반적인 모습으로 새하얀 벽과 파란색 지붕의 집들이 옹기종기 모여 있는 풍경을 떠올립니다. 하지만, 이는 사실 그리스 본토가 아닌 키클라데스(Κυκλάδες) 제도에서만 나타나는 독특한 주거 문화입니다. 키클라데스 제도는 그리스 남쪽 에게해에 모여 있는 220여 개 섬들을 지칭하는데, 세계적인 관광지인 산토리니(Σαντορίνη), 미코노스(Μύκονος), 낙소스(Νάξος) 등의 섬이 유명합니다.

▶ 산토리니

중세 시기에 이 섬들 주변의 바다는 해적이 자주 출몰하여 피해가 심했습니다. 그래서 주민들은 최대한 높은 곳에 집을 짓고, 바다와 가까운 곳에 튼튼한 성벽을 쌓아 올려 해적의 침략을 방어하고자 하였습니다. 그리스 본토에서 목재를 공수해 오기가 쉽지 않았던 키클라데스 제도의 여러 섬들은 그 지역의 석회암을 주원료로 사용하여 집을 지었습니다. 석회암으로 지은 집은 그 자체로 매우 위생적이었을 뿐만 아니라, 밝은 색깔의 외관은 여름철 에게해의 뜨거운 태양열 흡수를 감소시키는 기능을 하였습니다.

한편, 오늘날 우리가 쉽게 떠올리는 그리스풍의 하얀 벽과 파란색 지붕의 주택들은 1930년대에 들어 본격적으로 등장하였습니다. 당시 그리스의 독재자였던 메탁사스(Μεταξάς) 장군은 그리스의 하얀 파도와 파란 하늘에서 영감을 얻었고, 키클라데스 제도의 주택 벽과 지붕에 하얀색과 파란색을 입혀 그리스 국기의 하얀색과 파란색을 연상시키고자 하였습니다. 이후 동화 같은 그리스의 집들은 관광객들을 매료시켰고, 1960-70년대 관광산업의 성장과 맞물려 그리스의 트레이드마크가 되었습니다. 1974년 이후에는 더 많은 관광객의 유치를 위해 키클라데스 제도의 주택을 하얀색과 파란색으로만 칠하고, 주기적으로 관리해야 하는 구체적인 법까지 제정되었습니다.

15

Πώς μπορώ να πάω στην Ακρόπολη;

아크로폴리스에 어떻게 가나요?

행인	실례합니다, 뭐 좀 물어봐도 될까요?
엘레니	네, 괜찮아요.
행인	아크로폴리스에 어떻게 가나요?
엘레니	쭉 가세요 그리고 모퉁이에서 오른쪽으로 도세요.
행인	여기에서 먼가요?
엘레니	여기에서 멀지 않다고 생각해요. 도보로 15분 정도 걸려요.
행인	정말 감사합니다.
엘레니	좋은 여행 하세요!

Περαστικός	Συγγνώμη, μπορώ να ρωτήσω κάτι;
Ελένη	Ναι, παρακαλώ.
Περαστικός	Πώς μπορώ να πάω στην Ακρόπολη;
Ελένη	Πηγαίνετε ίσια και στρίψτε δεξιά στη γωνία.
Περαστικός	Είναι μακριά από εδώ;
Ελένη	Νομίζω ότι δεν είναι μακριά από εδώ. Κάνει περίπου 15 λεπτά με τα πόδια.
Περαστικός	Ευχαριστώ πολύ.
Ελένη	Καλό ταξίδι!

🔷🔷 새 단어 및 표현

- η Ακρόπολη 아크로폴리스
- ίσιος/α/ο 곧은, 똑바른
- στρίβω 돌다, 굽다 (단순명령 존댓말: στρίψτε)
- η γωνία 모퉁이, 코너
- μακρύς/ιά/ύ 먼
- περίπου 거의, ~ 정도, 약

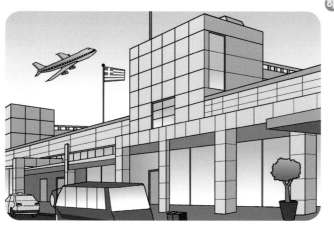

해 석

마리아 우리 내일 어떻게 공항에 갈까?

니코스 신타그마 광장에서 95번 버스를
        탈 거야.

마리아 우리는 공항에 아침 7시까지 도착해야 돼.

니코스 괜찮아. 20분 마다 버스가 있어.
        늦지 않을 거야.

마리아 버스 정류장이 정확히 어디에 있어?

니코스 광장 옆에 있어. 오토노스 10번가에
        위치하고 있어.

마리아 좋아. 니코스, 주의해. 내일 절대 늦지 마.
        6시 정각에 출발할 거야.

Μαρία   Πώς θα πάμε στο αεροδρόμιο αύριο;

Νίκος   Θα πάρουμε το λεωφορείο 95 στην πλατεία Συντάγματος.

Μαρία   Πρέπει να φτάσουμε στο αεροδρόμιο μέχρι τις 7 το πρωί.

Νίκος   Καλά. Κάθε 20 λεπτά έχει λεωφορείο. Δεν θα αργήσουμε.

Μαρία   Πού είναι η στάση ακριβώς;

Νίκος   Είναι δίπλα στην πλατεία. Βρίσκεται στην Όθωνος 10.

Μαρία   Ωραία. Νίκο, πρόσεξε. Να μην αργήσεις αύριο. Θα φύγουμε
         στις 6 ακριβώς.

새 단어 및 표현

- το αεροδρόμιο 공항
- η πλατεία 광장

- μέχρι ~까지
- βρίσκομαι 위치하다, 발견되다

1 단순명령

단순명령은 일시적인 명령을 할 때 사용합니다. 동사의 단순명령형은 단순미래형 어간에 명령형 어미를 붙이거나 'να + 동사의 단순미래형' 형태를 사용합니다. 명령형의 부정은 'μην + 동사의 단순미래형'입니다. 명령형은 2인칭 단수와 복수 형태로 나뉩니다.

● A유형 동사의 명령형

현재	단순미래	단수 명령	복수 명령
διαβάζω 읽다	θα διαβάσω	να διαβάσεις/ διάβασε	να διαβάσετε/ διαβάστε
αγοράζω 사다	θα αγοράσω	να αγοράσεις/ αγόρασε	να αγοράσετε/ αγόραστε
ανοίγω 열다	θα ανοίξω	να ανοίξεις/ άνοιξε	να ανοίξετε/ ανοίξτε

Να διαβάσετε/Διαβάστε αυτό το βιβλίο, σας παρακαλώ.
그 책을 읽어주세요.

Να αγοράσεις/Αγόρασε και τα φρούτα. 과일도 사라.

Να ανοίξεις/Άνοιξε την πόρτα. 문을 열어라.

● 단순미래형이 현재형과 같은 동사의 명령형

현재	단순미래	단수 명령	복수 명령
περιμένω 기다리다	θα περιμένω	να περίμενεις/ περίμενε	να περιμένετε/ περιμένετε
κάνω 하다	θα κάνω	να κάνεις/ κάνε	να κάνετε/ κάνετε
έχω 가지다	θα έχω	να έχεις/ έχε	να έχετε/ έχετε

Να περιμένετε/Περιμένετε λίγο, σας παρακαλώ. 조금만 기다려 주세요.

Να κάνεις/Κάνε τη δουλειά σου. 너의 일을 해라.

● 단순미래 불규칙 A유형 동사의 명령형

현재	단순미래	단수 명령	복수 명령
βλέπω 보다	θα δω	να δεις/ δες	να δείτε/ δείτε
δίνω 주다	θα δώσω	να δώσεις/ δώσε	να δώσετε/ δώστε
πίνω 마시다	θα πιω	να πιεις/ πιες	να πιείτε/ πιείτε
φεύγω 떠나다	θα φύγω	να φύγεις/ φύγε	να φύγετε/ φύγετε

Να πιεις/Πιες νερό.   물을 마셔라.

Παιδιά, να δείτε/δείτε την ταινία.   얘들아, 그 영화를 봐라.

● '모음 + -ω'유형 동사의 명령형

현재	단순미래	단수 명령	복수 명령
ακούω 듣다	θα ακούσω	να ακούσεις/ άκουσε	να ακούσετε/ άκουστε
λέω 말하다	θα πω	να πεις/ πες	να πείτε/ πείτε
κλαίω 울다	θα κλάψω	να κλάψεις/ κλάψε	να κλάψετε/ κλάψτε
πάω 가다	θα πάω	να πας/ πήγαινε	να πηγαίνετε/ πηγαίνετε
τρώω 먹다	θα φάω	να φας/ φάε	να φάτε/ φάτε

Να μου πεις/Πες μου την αλήθεια.   나에게 진실을 말해라.

Παιδιά, να φάτε/φάτε και τα λαχανικά.   얘들아, 야채도 먹어라.

● B1 & B2유형 동사의 명령형

현재	단순미래	단수 명령	복수 명령
μιλάω 말하다	θα μιλήσω	να μιλήσεις/ μίλησε	να μιλήσετε/ μιλήστε
γελάω 웃다	θα γελάσω	να γελάσεις/ γέλασε	να γελάσετε/ γελάστε
τηλεφωνώ 전화하다	θα τηλεφωνήσω	να τηλεφωνήσεις/ τηλεφώνησε	να τηλεφωνήσετε/ τηλεφωνήστε
οδηγώ 운전하다	θα οδηγήσω	να οδηγήσεις/ οδήγησε	να οδηγήσετε/ οδηγήστε

Να μου τηλεφωνήσεις/Τηλεφώνησε μου στις 5 το απόγευμα.

오후 5시에 나에게 전화해라.

Να οδηγήσεις/Οδήγησε αργά.　　　천천히 운전해라.

2 접속사 ότι/πως와 που

● ότι/πως

'생각하다', '믿다', '알다' 등의 동사의 목적어가 되는 절 앞에 사용합니다.

Νομίζω ότι/πως είσαι έξυπνος.　　　나는 네가 똑똑하다고 생각한다.

Πιστεύω ότι/πως θα περάσεις την εξέταση.

나는 네가 시험을 통과할 것이라고 믿는다.

Ξέρεις ότι/πως η Μαρία θα έρθει στην Κορέα;　　　마리아가 한국에 온다는 것을 아니?

● που

감정을 나타내는 동사 뒤에서 감정의 원인을 나타내는 절 앞에 사용합니다.

Λυπάμαι που θα φύγεις αύριο.　　　나는 네가 내일 떠나서 슬프다.

Χαίρομαι που σου αρέσει το δώρο μου.　　　나는 네가 내 선물을 좋아해서 기쁘다.

Ο Νίκος φοβάται που θα αργήσει στο μάθημά του.

니코스는 수업에 늦을 것을 두려워한다.

◆ 교통　　　　　　　　　　　　　　　　　　　　　　　　🎧 15-2

το λεωφορείο	버스	το πλοίο	배
το ταξί	택시	το τραμ	트램
το μετρό	지하철	το αυτοκίνητο	자동차
το τρένο	기차	το ποδήλατο	자전거
η μηχανή	오토바이	το ελικόπτερο	헬리콥터
το αεροπλάνο	비행기	η βάρκα	보트

τα φανάρια	신호등	η ταμπέλα	표지판, 간판
το εισιτήριο	표, 티켓	η σειρά	차례, 줄
η είσοδος	입구	ο αυτοκινητόδρομος	고속도로
η έξοδος	출구	η αναχώρηση	출발
ο πεζόδρομος	도보	η άφιξη	도착

연습문제

1 빈칸에 들어갈 알맞은 명령형 동사를 〈보기〉에서 골라 쓰세요.

| 보기 | φάε   ακούστε   περίμενε   πιείτε   γράψτε

(1) Γιώργο, _____ ένα λεπτό. Θα γυρίσω σύντομα.

(2) Κυρία Σοφία, _____ ένα ποτήρι τσάι.

(3) Ελένη, _____ και τις ντομάτες.

(4) Παιδιά, _____ τα ονόματά σας στο χαρτί.

(5) Γιάννα, Χαρά, _____ το. Είναι καινούργιο τραγούδι που σας είπα χτες.

2 괄호 안의 동사를 명령령으로 바꾸어 빈칸에 쓰세요.

(1) Παιδιά, _____ τα παράθυρα. Έχει ωραίο καιρό σήμερα. (ανοίγω)

(2) Νίκο, _____ μου αυτό το πιάτο. (δίνω)

(3) Θα αργήσεις στο μάθημα. Έλα, _____ τώρα. (φεύγω)

(4) Δεν ακούω καλά κύριε. _____ δυνατά. (μιλάω)

(5) Τι κάνεις Γιώργο; _____ μου τα νέα σου. (λέω)

3 빈칸에 들어갈 접속사를 ότι/πως 또는 που 중에 골라 쓰세요.

(1) Μαρία, πιστεύεις _____ ο Ανδρέας θα περάσει την εξέταση;

(2) Κύριε Μιχάλη, χαίρομαι πολύ _____ ήρθατε σήμερα στο πάρτι μου.

(3) Φοβάμαι λίγο _____ μου λένε «όχι».

(4) Η Σοφία νομίζει _____ είναι πολύ καλό βιβλίο.

(5) Κύριε καθηγητά, λυπάμαι πολύ _____ άργησα στο μάθημα σήμερα.

4 대화를 잘 듣고 빈칸에 들어갈 말을 〈보기〉에서 골라 쓰세요. 🎧 15-3

ㅣ보기ㅣ	θα γυρίσεις	εισιτήριο	φοβάμαι	αεροπλάνο
	που	τρένο	κάνει	

A: Ελένη, πότε _____ στη Θεσσαλονίκη;

B: Αυτό το Σάββατο. Σήμερα αγόρασα _____.

A: Θα πας με το _____;

B: Όχι, θα πάω με το _____.

A: Γιατί; _____ σχεδόν 6 ώρες με το τρένο.

B: Ξέρω. Αλλά _____ το αεροπλάνο. Είχα ένα αεροπορικό δυστύχημα και ήταν τραυματική εμπειρία.

A: Αχ.. Λυπάμαι πολύ _____ το ακούω.

🆕🔤 το δυστύχημα 사고. τραυματικός/ή/ό 상처의, 충격적인. η εμπειρία 경험

문화산책

ㅣ 올림픽의 기원지 올림피아 ㅣ

▶ 올림피아

전 세계인의 축제인 올림픽은 기원전 8세기 그리스의 올림피아(Ολυμπία) 지역에서 시작되었습니다. 고대 그리스의 각 도시국가들뿐만 아니라 유럽 각지와 북아프리카, 시리아 등지에서도 올림픽에 참가하기 위해 이곳에 모였습니다. 원반 던지기·달리기·레슬링·복싱·승마 등의 종목이 있었고, 승자는 올리브 관을 받았습니다. 고대 그리스인들에게 올림픽 경기는 상금을 버는 기회가 아니라 신들에게 바치는 종교 제전의 의미가 강했습니다. 그러나 기원후 4세기에 기독교가 로마제국의 국교로 선포되면서 이교도의 신을 기리는 올림픽 경기도 금지되었습니다. 오랜 시간이 흐른 뒤, 쿠베르텡 남작에 의해 고대 그리스의 올림픽 정신을 이어받은 제1회 근대 올림픽이 1896년 아테네에서 개최되었습니다. 이후 제2차 세계대전 기간이었던 1940년, 1944년을 제외하고 매 4년마다 올림픽이 개최되어 2004년 여름, 그리스 아테네에서 두 번째 근대 올림픽이 개최되었습니다.

매 올림픽이 시작되기 수개월 전, 그리스 올림피아에 있는 헤라 신전에서 올림픽 성화 채화식이 열립니다. 이 채화식은 고대 올림픽 경기의 정신을 그대로 이어 받고자 하는 중요한 행사로, 올림픽이 시작된 올림피아에서 불을 붙여 다음 올림픽을 개최할 도시에까지 이어갑니다. 한편, 제1회 근대 올림픽에서 그리스의 시인인 코스티스 팔라마스(Κωστής Παλαμάς)가 쓴 시에 곡을 붙인 올림픽 찬가(Ολυμπιακός Ύμνος)가 연주되었는데, 이후 매 올림픽의 개막식과 폐막식에서는 올림픽 찬가를 부르고 있습니다. IOC(국제올림픽위원회)는 되도록 그리스어로 올림픽 찬가를 부르도록 권고하고 있으며, 2018년 평창 동계올림픽 개막식에서도 황수미 성악가가 그리스어로 올림픽 찬가를 불렀습니다.

정답

-연습문제-

정답

1.

(1) Γεια

안녕. 나는 니코스야.

(2) σου

안녕. 내 이름은 하리스야. 만나서 반가워.

(3) λένε

안녕하세요. 제 이름은 안나예요.

(4) Μαρία

만나서 반갑습니다. 저는 마리아예요.

(5) Χαίρω

만나서 정말 반갑습니다. 저는 안나예요.

2.

(1) Πώς σας λένε;

(2) Είμαι η Μαρία./Με λένε Μαρία./
Λέγομαι Μαρία./Ονομάζομαι Μαρία.

(3) Ο Νίκος είναι Έλληνας.

(4) (Εγώ) είμαι Κορεάτισσα.

3.

(1) είναι

그녀는 마리아이다.

(2) είμαι

저는 야니스입니다.

(3) είναι

그는 아리스이다.

(4) είσαι

네가 엘레니야?

4. 🎧 01-3

A: Γεια σου. Είμαι ο Γιώργος.

B: Γεια σου, Γιώργο. Χαίρω πολύ.

A: Πώς σε λένε;

B: Με λένε Μαρία.

A: Χάρηκα.

A: 안녕하세요. 저는 요르고스입니다.

B: 안녕하세요, 요르고스. 만나서 반갑습니다.

A: 당신의 이름은 무엇입니까?

B: 제 이름은 마리아입니다.

A: 만나서 반갑습니다.

1.

(1) τη

저는 대한민국(남한)에서 왔습니다.

(2) το

그는 레바논에서 왔습니다.

(3) το

에비는 벨기에에서 왔습니다.

(4) την

그녀들은 이집트에서 왔습니다.

(5) τον

내 (남자)친구는 캐나다에서 왔습니다.

2.

(1) Βασίλη! 바실리스야!

(2) Θεόδωρε! 테오도로스야!

(3) Αλέξανδρε! 알렉산드로스야!

(4) Σοφία! 소피아야!

(5) Ειρήνη! 이리니야!

3.

(1) 안녕. 너는 어디에서 왔어?

(2) 마리아 씨는 어디에서 오셨나요?

(3) 그는 터키에서 왔다.

(4) 그녀들은 스페인에서 왔다.

(5) 알렉시스 씨는 스위스에서 왔다.

4. 🎧 02-3

A: Γεια σου. Από πού είσαι;

B: Είμαι από τον Καναδά, από το Τορόντο.
Εσύ;

A: Είμαι από τη Ρωσία, από τη Μόσχα. Χαίρω
πολύ.

B: Και εγώ.

A: 안녕. 너는 어디에서 왔어?

B: 나는 캐나다 토론토에서 왔어. 너는?

A: 나는 러시아 모스크바에서 왔어. 만나서 반가워.

B: 나도 만나서 반가워.

제 3과

1.

(1) μένεις

너는 어디에 살아?

(2) μένουμε

우리는 서울에 산다.

(3) δουλεύετε

요르고스 씨, 어디에서 일하세요?

(4) δουλεύω

나는 은행에서 일한다.

(5) κάνει

엘레니는 어떻게 지내?/엘레니는 뭐 해?

2.

(1) στην

카테리나는 폴란드에 산다.

(2) στο

내 (여자)친구는 베이징에서 일한다.

(3) στην

나는 영국에서 공부한다.

(4) στο

안드레아스는 집에 간다.

(5) στον

야니스와 마리아는 캐나다에 있다.

3.

(1) Αυτός είναι φοιτητής.
(2) Η Μαρία μένει στην Ελλάδα.
(3) (Εμείς) πίνουμε νερό.
(4) (Εγώ) δουλεύω στην Αθήνα.

4. 🎧 03-3

A: Γεια σου, τι δουλειά κάνεις;

B: Είμαι φοιτήτρια. Εσύ;

A: Είμαι δικηγόρος.

B: Πού δουλεύεις;

A: Δουλεύω στο Λονδίνο.

A: 안녕. 너는 무슨 일 해?

B: 나는 대학생이야. 너는?

A: 나는 변호사야.

B: 어디에서 일해?

A: 나는 런던에서 일해.

제 4과

1.

(1) αδελφό

나는 남동생이 한 명 있다.

(2) άνδρα

나는 내 남편을 사랑한다.

(3) δώρο

아리스와 안나는 좋은 선물을 원한다.

(4) αδελφή

마리아는 그녀의 여동생과 함께 학교에 간다.

(5) βιβλίο

야니스는 오래된 책 한 권을 산다.

2.

(1) σου
(2) της
(3) του
(4) μας
(5) σας

3.

(1) Ο μεγάλος αδελφός μου μένει στην Ιταλία.

나의 오빠/형은 이탈리아에 산다.

(2) Η Κατερίνα είναι καλή δασκάλα.

카테리나는 좋은 선생님이다.

(3) Νίκο, γιατί αγοράζεις καινούργιο αυτοκίνητο;

니코스, 왜 새 자동차를 사니?

(4) Τα παιδιά διαβάζουν ένα εύκολο βιβλίο.

아이들이 쉬운 책 한 권을 읽고 있다.

(5) Η Αθήνα είναι παλιά πόλη.

아테네는 오래된 도시이다.

(6) Ο Μιχάλης κι η Γιάννα μένουν στο ακριβό σπίτι.

미할리스와 야나는 비싼 집에서 산다.

정답

4. 🎧 04-3

A: Καλημέρα, Γιώργο. Τι κάνεις;

B: Καλά. Τι διαβάζεις Ελένη;

A: Διαβάζω ένα βιβλίο για το καινούργιο μάθημα.

B: Πώς είναι; Είναι δύσκολο;

A: Ναι, λίγο. Είναι για την ιστορία. Εσύ, πού πας;

B: Πάω στο κέντρο για ψώνια.

A: 안녕, 요르고스. 어떻게 지냈어?

B: 잘 지냈어. 뭐 읽는 거야 엘레니?

A: 새로운 수업을 위해 책 한 권을 읽고 있어.

B: 어때? 어려워?

A: 응, 조금. 역사에 관한 책이야. 너는, 어디 가?

B: 나는 쇼핑하러 중심가에 가.

◀ 제 5과 ▶

1.

(1) μιλάς

너는 스페인어를 말하니?

(2) μιλάει

소피아는 이탈리아어를 매우 잘 말한다.

(3) μιλάω

나는 그리스어를 조금 말한다.

(4) μιλάνε

아이들은 프랑스어를 말하지 못한다.

2.

(1) αγαπάει

미할리스는 그의 아내를 사랑한다.

(2) Πονάει

나의 머리가 매우 아프다.

(3) βοηθάνε

아이들이 그들의 부모를 돕는다.

(4) τραγουδάς

너는 노래를 참 잘 부른다.

(5) ξυπνάω/ώ

나는 아침에 늦게 일어난다.

3.

(1) Ο φίλος μου μιλάει καλά κινέζικα.

나의 (남자)친구는 중국어를 잘 말한다.

(2) Εμείς δε μιλάμε καθόλου αραβικά.

우리들은 아랍어를 전혀 말하지 못한다.

(3) Διαβάζω βιβλία πολύ γρήγορα.

나는 책을 매우 빨리 읽는다.

(4) Η Νίκη απαντάει εύκολα στην ερώτηση.

니키는 질문에 쉽게 대답한다.

4. 🎧 05-3

A: Γεια σου, Ελένη. Τι διαβάζεις;

B: Διαβάζω ένα περιοδικό στα ισπανικά.

A: Και τι άλλες γλώσσες μιλάς;

B: Μιλάω ελληνικά, αγγλικά, ισπανικά και λίγο ιταλικά.

A: Τέσσερις; Σε ζηλεύω.

A: 안녕, 엘레니. 뭐 읽어?

B: 스페인어로 잡지를 하나 읽고 있어.

A: 너는 또 어떤 다른 언어를 말해?

B: 나는 그리스어, 영어, 스페인어 그리고 이탈리아어를 조금 말해.

A: 4개? 나는 네가 부러워.

◀ 제 6과 ▶

1.

(1) κάνεις

안녕 엘레니. 어떻게 지내?

(2) κάνει

요르고스는 매일 산책을 한다.

(3) οδηγεί

미할리스 씨는 운전을 매우 빨리 한다.

(4) τηλεφωνώ

나는 나의 부모님에게 전화를 한다.

(5) καλούν

아이들이 자신들의 친구들을 파티에 초대한다/부른다.

(6) ζουν

니코스와 마리아는 서울에서 같이 산다.

2.

(1) το κλειδί του σπιτιού 집 열쇠

(2) η θέα της πόλης 도시의 경치

(3) το βιβλίο της ιστορίας 역사책

(4) το δωμάτιο του μεγάλου αδελφού 형/오빠의 방

(5) η τσάντα της μικρής αδελφής 여동생의 가방

3.

(1) 나는 클래식 음악을 듣는다.

(2) 아리스는 축구를 한다.

(3) 소피아는 매일 운동을 한다.

(4) 내 취미는 낚시이다.

(5) 나는 자유시간이 있을 때 기타를 친다.

4. 🎧 06-3

A: Γεια σου, Ειρήνη. Τι *κάνεις*;

B: Μια χαρά. Εσύ;

A: Καλά. Λοιπόν, πού είναι ο Ανδρέας; Τι κάνει *τώρα*;

B: Παίζει μπάσκετ με τους φίλους του.

A: Πάλι; Τώρα είναι η ώρα για *διάβασμα*!

A: 안녕, 이리니. 어떻게 지내?

B: 잘 지내. 너는?

A: 좋아. 안드레아스는 어디에 있어? 그는 지금 뭐 해?

B: 그의 친구들이랑 농구를 하고 있어.

A: 또? 지금은 공부해야 할 시간이야!

제 7과

1.

(1) οι μεγάλοι αδελφοί 형/오빠들

(2) οι καλοί φοιτητές 좋은 학생들

(3) οι μικρές αδελφές 여동생들

(4) οι όμορφες κοπέλες 예쁜 소녀들/아가씨들

(5) τα δύσκολα μαθήματα 어려운 수업들

(6) τα εύκολα βιβλία 쉬운 책들

2.

(1) μεγάλα σπίτια

이 아이들은 큰 집들에 산다.

(2) ακριβές τσάντες

마리나는 비싼 가방을 두 개 가지고 있다.

(3) μικρούς αδελφούς

내 친구들은 내 남동생들까지도 파티에 초대한다.

(4) όμορφες φωτογραφίες

알키스와 야나는 아름다운 사진들을 보고 있다.

(5) καινούργια μαθήματα

새로운 수업들은 매우 어렵다.

3.

(1) αρέσουν

나는 이 책들을 좋아한다.

(2) αρέσουν

너는 꽃들을 좋아하니?

(3) αρέσει

그는 눈(snow)을 좋아한다.

(4) αρέσουν

우리들은 여행을 좋아한다.

(5) αρέσει

그녀는 여름을 좋아한다.

(6) αρέσουν

그들은 새로운 수업들을 좋아한다.

4. 🎧 07-3

A: Νίκο, *έχεις* αδέλφια;

B: Ναι, έχω μια μικρή *αδελφή*. Εσύ;

A: Εγώ έχω έναν *μεγάλο* αδελφό.

B: Τι δουλειά *κάνει* ο αδελφός σου;

A: Είναι συγγραφέας. Του *αρέσουν* πολύ τα βιβλία.

A: 니코스, 형제 있어?

B: 응. 여동생이 한 명 있어. 너는?

A: 나는 오빠가 한 명 있어.

B: 네 오빠는 무슨 일 해?

A: 작가야. 그는 책을 매우 좋아해.

정답

1.

(1) ακούει

엘레니는 음악을 듣는다.

(2) λένε

만나서 반갑습니다. 당신의 이름은 무엇입니까?

(3) κλαις

요르고스, 왜 울어?

(4) πάνε

아이들이 학교에 간다.

(5) τρώμε

우리들은 아이스크림을 먹는다.

2.

(1) μαύρο   (5) κόκκινη

(2) πράσινο   (6) μωβ

(3) άσπρα   (7) γκρι

(4) μπλε

3.

(1) Ο Νίκος έχει τρία κλειδιά.

(2) (Εγώ) Έχω ένα άσπρο αυτοκίνητο.

(3) (Εμείς) Έχουμε τέσσερις ομπρέλες.

(4) Η Μαρία έχει δώδεκα φορέματα.

(5) Τα παιδιά έχουν πενήντα βιβλία.

4. 🎧 08-3

A: Γιάννη, αυτό το πορτοφόλι είναι δικό σου;

B: Ναι, είναι δικό μου. Γιατί;

A: Πολύ ωραίο είναι. Κι εγώ θέλω ένα καινούργιο.

B: Σε τι χρώμα θέλεις;

A: Θέλω σε γαλάζιο ή γκρι.

A: 야니스, 이 지갑이 네 거야?

B: 응, 이건 내 거야. 왜?

A: 정말 괜찮다. 나도 새로운 걸 갖고 싶어.

B: 어떤 색을 원해?

A: 하늘색이나 회색을 원해.

1.

단수	1인칭	θα πληρώσω	θα κόψω	θα τρέξω
	2인칭	θα πληρώσεις	θα κόψεις	θα τρέξεις
	3인칭	θα πληρώσει	θα κόψει	θα τρέξει
복수	1인칭	θα πληρώσουμε	θα κόψουμε	θα τρέξουμε
	2인칭	θα πληρώσετε	θα κόψετε	θα τρέξετε
	3인칭	θα πληρώσουν	θα κόψουν	θα τρέξουν

2.

(1) θα είμαστε

남편과 나는 집에 있을 것이다.

(2) θα είναι

시험은 어려울 것이다.

(3) θα κάνεις

너는 내일 무엇을 할 거니?

(4) θα πάω

나는 수업에 갈 것이다.

(5) θα πάνε

요르고스와 알렉시아는 여행을 갈 것이다.

3.

(1) θα διαβάσω

나는 내 방에서 책을 한 권 읽을 것이다.

(2) θα παίξουν

아이들은 밖에서 놀 것이다.

(3) θα γράψεις

야나, 언제 일기를 쓸 거야?

(4) θα ετοιμάσει

교수는 새로운 수업을 준비할 것이다.

(5) θα ανοίξουμε

우리들은 문을 열 것이다.

(6) θα μαγειρέψω

나는 가족을 위해 닭고기를 요리할 것이다.

4. 09-3

A: Γεια σου, Νίκη! Τι θα κάνεις μετά το μάθημα;

B: Δεν έχω σχέδια ακόμα. Γιατί;

A: Θα πάω για ένα καφεδάκι με την Σοφία.

B: Πού θα πάτε;

A: Θα πάμε στο κέντρο.

B: Ωραία, θα έρθω κι εγώ μαζί σας.

A: Θα σε περιμένω στην τάξη μου.

A: 안녕, 니키! 수업 후에 뭐 할 거야?

B: 아직 계획 없어. 왜?

A: 나는 소피아랑 커피 한 잔 하러 갈 거야.

B: 어디로 갈 거야?

A: 중심가로 갈 거야.

B: 좋아, 나도 너희들이랑 같이 갈래.

A: 내 교실에서 기다릴게.

제 10과

1.

(1) χώρων

(2) δωματίων

(3) παλιών

(4) γυναικών

2.

(1) Μπορώ

(2) Πρέπει

(3) Μπορεί

(4) (Εγώ) θέλω

3.

(1) Τι είναι η αγάπη <u>των γονιών</u>;
부모의 사랑이란 무엇인가?

(2) Ψάχνω το κλειδί <u>του αυτοκινήτου</u>.
나는 자동차 열쇠를 찾고 있다.

(3) Φτιάχνω τη λίστα <u>των καινούργιων μαθημάτων</u>.
나는 새로운 수업들의 목록을 만들고 있다.

(4) Η τσάντα <u>της φίλης</u> μου είναι καινούργια.
내 여자친구의 가방은 새것이다.

(5) Το δωμάτιό <u>του μικρού αδελφού</u> μου είναι εκεί.
내 남동생의 방은 저기입니다.

4. 10-3

A: Γεια σου Ελένη, τι θα κάνεις σήμερα;

B: Θα διαβάζω στη βιβλιοθήκη όλη τη μέρα.

A: Κι εγώ θέλω να έρθω μαζί σου.

B: Γιατί; Έχεις εξετάσεις;

A: Ναι, έχω δύο την άλλη εβδομάδα. Πρέπει να περάσω.

A: 안녕 엘레니, 오늘 뭐 할 거야?

B: 나는 하루 종일 도서관에서 공부할 거야.

A: 나도 너와 같이 가고 싶어.

B: 왜? 시험 있어?

A: 응, 다음 주에 시험이 두 개 있어. 통과해야 돼.

제 11과

1.

(1) οκτώ/οχτώ, είκοσι

(2) τρεις

(3) εννέα/εννιά

(4) έντεκα παρά τέταρτο

2.

(1) 니콜라스는 매 금요일마다 수업이 없다.

(2) 나는 6월 25일에 그리스에 갈 것이다.

(3) 안드레아스의 생일은 10월 4일이다.

(4) 나는 2020년 8월 30일에 한국에 돌아갈 것이다.

3.

일요일	월요일	화요일	수요일	목요일	금요일	토요일
1 내 생일	2	3 수업	4 수업	5	6	7 니콜라스 결혼식
8	9	10 수업	11 수업	12	13 안나랑 약속	14
15 소피아랑 약속	16	17 수업	18 수업	19	20	21
22	23	24 수업	25 국경일	26 엄마 생일	27	28

(1) πρώτη (μέρα)

내 생일은 이달의 1일이다.

(2) δεκατρείς

나는 13일에 안나와 약속이 있다.

(3) είκοσι πέντε

25일에 나는 수업에 가지 않는다. 왜냐하면 국경일이기 때문이다.

4. 🎧 11-3

A: Μαμά, πού πας;

B: Πάω στο φούρνο. Δεν έχουμε ψωμί για αύριο.

A: Τώρα είναι εννέα/εννιά και πενήντα.
Σίγουρα είναι κλειστός.

B: Άντε, τι θα κάνουμε αύριο το πρωί;

A: Θα πάω εγώ να αγοράσω ψωμί στις επτά/εφτά.

A: 엄마, 어디 가요?

B: 빵집에 가. 내일 먹을 빵이 없어.

A: 지금 9시 50분이에요. 분명히 닫았을 거예요.

B: 자, 그럼 내일 아침은 어떻게 하지?

A: 제가 내일 7시에 빵 사러 갈게요.

제 12과

1.

단수	1인칭	αγόρασα	έγραψα	είδα	απάντησα
	2인칭	αγόρασες	έγραψες	είδες	απάντησες
	3인칭	αγόρασε	έγραψε	είδε	απάντησε
복수	1인칭	αγοράσαμε	γράψαμε	είδαμε	απαντήσαμε
	2인칭	αγοράσατε	γράψατε	είδατε	απαντήσατε
	3인칭	αγοράσανε/ αγόρασαν	γράψανε/ έγραψαν	είδαν/ είδανε	απαντήσανε/ απάντησαν

2.

(1) μαγείρεψα

나는 가족들을 위해 닭고기를 요리했다.

(2) δίδαξε

마리아는 아이들에게 영어를 가르쳤다.

(3) είχε

요르고스는 매우 좋은 자동차 한 대를 가지고 있었다.

(4) έγραψαν/γράψανε

나의 친구들은 종이에 그들의 이름을 썼다.

(5) διάβασα

나는 내 방에서 책을 한 권 읽었다.

(6) δουλέψαμε

우리들은 크리스마스에 일을 하지 않았다.

3.

(1) Μαρία, πόσων χρονών είσαι;

(2) Πόσων χρονών είναι ο Νίκος;

(3) (Εμείς) είμαστε είκοσι οκτώ/οχτώ χρονών/ετών.

(4) Ο κύριος Μιχάλης είναι πενήντα τεσσάρων χρονών/ετών.

4. 🎧 12-3

A: Ανδρέα, πώς ήταν το ταξίδι σου; Πού πήγες;

B: Πολύ ωραία ήταν. Πήγα στην Ιταλία και στη Γαλλία.

A: Πόσες μέρες έμεινες;

B: Έμεινα τέσσερις μέρες στην Ιταλία και πέντε μέρες στη Γαλλία.

A: Ωραία. Τι σου άρεσε στο Παρίσι;

B: Μ' άρεσαν πολύ τα μουσεία. Έμαθα πολλά πράγματα.

A: Αλήθεια; Κι εγώ θα πάω στη Γαλλία του χρόνου.

A: 안드레아스, 여행 어땠어? 어디에 갔었어?

B: 매우 좋았어. 이탈리아와 프랑스에 갔었어.

A: 며칠 머물렀어?

B: 이탈리아에서 4일, 프랑스에서 5일 머물렀어.

A: 좋았겠다. 너는 파리에서 뭐가 좋았어?

B: 나는 박물관들이 좋았어. 많은 것들을 배웠어.

A: 정말? 나도 내년에 프랑스에 갈 거야.

제 13과

1.

단수	1인칭	χαίρομαι	θυμάμαι	νικιέμαι
	2인칭	χαίρεσαι	θυμάσαι	νικιέσαι
	3인칭	χαίρεται	θυμάται	νικιέται
복수	1인칭	χαιρόμαστε	θυμόμαστε	νικιόμαστε
	2인칭	χαίρεστε/χαιρόσαστε	θυμάστε/θυμόσαστε	νικιέστε/νικιόσαστε
	3인칭	χαίρονται	θυμούνται	νικιούνται/νικιόνται

2.

(1) ντρέπεται

안드레아스는 여자아이들을 부끄러워한다.

(2) κοιμάσαι

엘레니, 몇 시에 자?

(3) Χαίρομαι

나는 그의 소식을 듣고 매우 기쁘다.

(4) χρειαζόμαστε

우리들은 새로운 자동차가 필요하지 않다.

(5) φοβάστε

이로 선생님, 유령을 무서워하시나요?

3.

(1) αλλάζεται

책 제목은 작가에 의해 바뀐다.

(2) αγαπιούνται

아이들은 그들의 부모에게 사랑받는다.

(3) καλούμαστε

우리들은 코스타스로부터 파티에 초대되었다.

(4) τραγουδιέται

좋은 노래 한 곡이 텔레비전에서 불려지고 있다.

(5) ψήνονται

치즈파이가 오븐에서 구워지고 있다.

4. 🎧 13-3

A: Καλημέρα σας κυρία Μαρία. Πώς είστε σήμερα;

B: Γιατρέ μου, δεν αισθάνομαι καλά. Πονάει το στομάχι μου και ζαλίζομαι.

A: Έχετε και άλλα συμπτώματα;

B: Ναι, έχω και πονοκέφαλο. Δεν κοιμάμαι καλά.

A: Χμμ… νομίζω ότι είναι λίγο σοβαρό. Πρέπει να κάνουμε εξέταση.

A: 안녕하세요 마리아 씨. 오늘은 어떠세요?

B: 의사 선생님, 좋지 않은 것 같아요. 배가 아프고 어지러워요.

A: 다른 증상들도 있나요?

B: 네, 두통도 있어요. 잘 못 자요.

A: 흠… 조금 심각한 것 같네요. 검사를 해 봐야 합니다.

정답

제 14과

1.

(1) δούλευε

야니스는 주말마다 레스토랑에서 일했다.

(2) μέναμε

우리들은 휴가를 갈 때마다 미국에 머물렀다.

(3) έπαιζαν/παίζανε

아이들은 늦게까지 공원에서 놀곤 했다.

(4) έγραφα

나는 매달 부모님께 편지를 쓰곤 했다.

(5) έβλεπε

니키는 수업 중에 계속 나를 봤다.

2.

현재형	단순과거형	과거진행형
ακούμε	διάβασα	έκλαιγα
πηγαίνουν	έφαγες	μαγειρεύαμε
ετοιμάζεις	άνοιξαν	μάθαινα
τηλεφωνείτε	δουλέψαμε	έπαιζε

3.

	εκκλησία 교회	μουσείο 박물관		πάρκο 공원
φαρμακείο 약국	τράπεζα 은행	καφετέρια 카페		ξενοδοχείο 호텔

(1) τράπεζα

약국은 은행 옆에 있다.

(2) καφετέρια

박물관은 카페 뒤에 있다.

(3) φαρμακείο

은행은 약국과 카페 사이에 있다.

(4) καφετέρια

호텔은 카페 건너편에 있다.

4. 🎧 14-3

A: Γεια σας. Θέλω να κλείσω ένα δωμάτιο για δύο άτομα.

B: Πόσες μέρες θα μείνετε;

A: Τρεις μέρες.

B: Μάλιστα. Έχουμε ένα δωμάτιο στον πέμπτο όροφο με θέα τη θάλασσα.

A: Ωραία, θα το πάρω.

B: Ευχαριστούμε πολύ. Θέλετε και πρωινό;

A: Ναι, θέλω.

A: 안녕하세요. 2명이 묵을 방 하나를 예약하고 싶어요.

B: 며칠 머무르실 건가요?

A: 3일이요.

B: 알겠습니다. 5층에 바다 전망의 방이 하나 있습니다.

A: 좋네요, 그걸로 하겠습니다.

B: 정말 감사합니다. 그리고 조식도 하시겠어요?

A: 네, 할게요.

제 15과

1.

(1) περίμενε

요르고스, 잠깐만 기다려. 금방 돌아올게.

(2) πιείτε

소피아 씨, 차를 한 잔 마시세요.

(3) φάε

엘레니, 토마토도 먹어.

(4) γράψτε

얘들아, 너희들의 이름을 종이에 적어라.

(5) ακούστε

야나, 하라, 이거 들어 봐. 내가 어제 말했던 새로운 노래야.

2.

(1) ανοίξτε

얘들아, 창문을 열어라. 오늘 날씨가 좋아.

(2) δώσε

니코스, 저 접시를 나에게 줘.

(3) φύγε

너는 수업에 늦을 거야. 자, 지금 가(떠나).

(4) Μιλήστε

잘 안 들려요 선생님. 크게 말씀해 주세요.

(5) Πες

어떻게 지내 요르고스? 네 소식을 말해 줘.

3.

(1) ότι/πως

마리아, 너는 안드레아스가 시험을 통과할 거라고 믿니?

(2) που

미할리스씨, 오늘 제 파티에 와주셔서 정말 기쁩니다.

(3) που

그들이 나에게 "안 돼"라고 말하는 것이 두렵다.

(4) ότι/πως

소피아는 이것이 매우 좋은 책이라고 생각한다.

(5) που

교수님, 오늘 수업에 늦어서 정말 죄송합니다.

4. 🎧 15-3

A: Ελένη, πότε θα γυρίσεις στη Θεσσαλονίκη;

B: Αυτό το Σάββατο. Σήμερα αγόρασα εισιτήριο.

A: Θα πας με το αεροπλάνο;

B: Όχι, θα πάω με το τρένο.

A: Γιατί; Κάνει σχεδόν 6 ώρες με το τρένο.

B: Ξέρω. Αλλά φοβάμαι το αεροπλάνο. Είχα ένα αεροπορικό δυστύχημα και ήταν τραυματική εμπειρία.

A: Αχ... Λυπάμαι πολύ που το ακούω.

A: 엘레니, 언제 테살로니키에 돌아갈 거야?

B: 이번 토요일에. 오늘 표를 샀어.

A: 비행기로 갈 거야?

B: 아니, 기차로 갈 거야.

A: 왜? 기차로는 거의 6시간이나 걸려.

B: 알아. 하지만 나는 비행기가 무서워. 비행기 사고가 있었는데 충격적인 경험이었어.

A: 아… 그 얘기를 듣게 돼서 안타깝다.

부록

-A, B유형 기본 동사 200-

A, B유형 기본 동사 200

뜻	현재형	단순미래형	단순과거형	명령형
사랑하다	αγαπάω(-ώ)	θα αγαπήσω	αγάπησα	αγάπησε – αγαπήστε
사다	αγοράζω	θα αγοράσω	αγόρασα	αγόρασε – αγοράστε
따르다	ακολουθώ	θα ακολουθήσω	ακολούθησα	ακολούθησε – ακολουθήστε
듣다	ακούω	θα ακούσω	άκουσα	άκουσε – ακούστε
바르다	αλείφω	θα αλείψω	άλειψα	άλειψε – αλείψτε
바꾸다	αλλάζω	θα αλλάξω	άλλαξα	άλλαξε – αλλάξτε
켜다(불, 스위치)	ανάβω	θα ανάψω	άναψα	άναψε – ανάψτε
섞다, 젓다	ανακατεύω	θα ανακατέψω	ανακάτεψα	ανακάτεψε – ανακατέψτε
걱정하다	ανησυχώ	θα ανησυχήσω	ανησύχησα	ανησύχησε – ανησυχήστε
열다	ανοίγω	θα ανοίξω	άνοιξα	άνοιξε – ανοίξτε
참다, 견디다	αντέχω	θα αντέξω	άντεξα	άντεξε – αντέξτε
금지하다	απαγορεύω	θα απαγορέψω	απαγόρεψα	απαγόρεψε – απαγορέψτε
대답하다	απαντάω(-ώ)	θα απαντήσω	απάντησα	απάντησε – απαντήστε
위협/협박하다	απειλώ	θα απειλήσω	απείλησα	απείλησε – απειλήστε
펼치다, 뻗다	απλώνω	θα απλώσω	άπλωσα	άπλωσε – απλώστε
결정하다	αποφασίζω	θα αποφασίσω	αποφάσισα	αποφάσισε – αποφασίστε
시작하다	αρχίζω	θα αρχίσω	άρχισα	άρχισε – αρχίστε
내려놓다	αφήνω	θα αφήσω	άφησα	άφησε – αφήστε
두다, 넣다	βάζω	θα βάλω	έβαλα	βάλε – βάλτε
괴롭히다	βασανίζω	θα βασανίσω	βασάνισα	βασάνισε – βασανίστε
칠하다, 바르다	βάφω	θα βάψω	έβαψα	βάψε – βάψτε
벗다, 벗기다	βγάζω	θα βγάλω	έβγαλα	βγάλε – βγάλτε
보다	βλέπω	θα δω	είδα	δες – δείτε
돕다	βοηθάω(-ώ)	θα βοηθήσω	βοήθησα	βοήθησε – βοηθήστε
끓이다	βράζω	θα βράσω	έβρασα	βράσε – βράστε
비가 오다	βρέχει	θα βρέξει	έβρεξε	—
욕을 하다	βρίζω	θα βρίσω	έβρισα	βρίσε – βρίστε

뜻	현재형	단순미래형	단순과거형	명령형
발견하다, 찾다	βρίσκω	θα βρω	βρήκα	βρες – βρείτε
웃다	γελάω(-ώ)	θα γελάσω	γέλασα	γέλασε – γελάστε
늙다	γερνάω(-ώ)	θα γεράσω	γέρασα	γέρασε – γεράστε
치료하다	γιατρεύω	θα γιατρέψω	γιάτρεψα	γιάτρεψε – γιατρέψτε
축하/기념하다	γιορτάζω	θα γιορτάσω	γιόρτασα	γιόρτασε – γιορτάστε
알다	γνωρίζω	θα γνωρίσω	γνώρισα	γνώρισε – γνωρίστε
쓰다	γράφω	θα γράψω	έγραψα	γράψε – γράψτε
돌아가다	γυρίζω	θα γυρίσω	γύρισα	γύρισε – γυρίστε
물다	δαγκώνω	θα δαγκώσω	δάγκωσα	δάγκωσε – δαγκώστε
빌리다	δανείζω	θα δανείσω	δάνεισα	δάνεισε – δανείστε
묶다	δένω	θα δέσω	έδεσα	δέσε – δέστε
때리다	δέρνω	θα δείρω	έδειρα	δείρε – δείρτε
만들다	δημιουργώ	θα δημιουργήσω	δημιούργησα	δημιούργησε – δημιουργήστε
읽다, 공부하다	διαβάζω	θα διαβάσω	διάβασα	διάβασε – διαβάστε
반대하다	διαφωνώ	θα διαφωνήσω	διαφώνησα	διαφώνησε – διαφωνήστε
가르치다	διδάσκω	θα διδάξω	δίδαξα	δίδαξε – διδάξτε
주다	δίνω	θα δώσω	έδωσα	δώσε – δώστε
망설이다	διστάζω	θα διστάσω	δίστασα	δίστασε – διστάστε
목이 마르다	διψάω(-ώ)	θα διψάσω	δίψασα	δίψασε – διψάστε
내쫓다	διώχνω	θα διώξω	έδιωξα	διώξε – διώξτε
시도/시험하다	δοκιμάζω	θα δοκιμάσω	δοκίμασα	δοκίμασε – δοκιμάστε
일하다	δουλεύω	θα δουλέψω	δούλεψα	δούλεψε – δουλέψτε
선물/기부하다	δωρίζω	θα δωρίσω	δώρισα	δώρισε – δωρίστε
표현하다	εκφράζω	θα εκφράσω	έκφρασα/εξέφρασα	έκφρασε – εκφράστε
바라다	ελπίζω	θα ελπίσω	έλπισα	έλπισε – ελπίστε
알리다	ενημερώνω	θα ενημερώσω	ενημέρωσα	ενημέρωσε – ενημερώστε

뜻	현재형	단순미래형	단순과거형	명령형
의미하다	εννοώ	θα εννοήσω	εννόησα	εννόησε – εννοήστε
방해하다	ενοχλώ	θα ενοχλήσω	ενόχλησα	ενόχλησε – ενοχλήστε
진찰/검사하다	εξετάζω	θα εξετάσω	εξέτασα	εξέτασε – εξετάστε
설명하다	εξηγώ	θα εξηγήσω	εξήγησα	εξήγησε – εξηγήστε
통역하다	ερμηνεύω	θα ερμηνεύσω	ερμήνευσα	ερμήνευσε – ερμηνεύστε
준비하다	ετοιμάζω	θα ετοιμάσω	ετοίμασα	ετοίμασε – ετοιμάστε
맞다, 적용하다	εφαρμόζω	θα εφαρμόσω	εφάρμοσα	εφάρμοσε – εφαρμόστε
감사하다	ευχαριστώ	θα ευχαριστήσω	ευχαρίστησα	ευχαρίστησε – ευχαριστήστε
가지다	έχω	θα έχω	είχα	έχε – έχετε
데우다	ζεσταίνω	θα ζεστάνω	ζέστανα	ζέστανε – ζεστάνετε
질투하다	ζηλεύω	θα ζηλέψω	ζήλεψα	ζήλεψε – ζηλέψτε
묻다, 질문하다	ζητάω(-ώ)	θα ζητήσω	ζήτησα	ζήτησε – ζητήστε
반죽하다	ζυμώνω	θα ζυμώσω	ζύμωσα	ζύμωσε – ζυμώστε
살다	ζω	θα ζήσω	έζησα	ζήσε – ζήστε
그리다	ζωγραφίζω	θα ζωγραφίσω	ζωγράφισα	ζωγράφισε – ζωγραφίστε
원하다	θέλω	θα θελήσω	θέλησα	θέλησε – θελήστε
생각/간주하다	θεωρώ	θα θεωρήσω	θεώρησα	θεώρησε – θεωρήστε
상기시키다	θυμίζω	θα θυμίσω	θύμισα	θύμισε – θυμίστε
화내다	θυμώνω	θα θυμώσω	θύμωσα	θύμωσε – θυμώστε
청소하다	καθαρίζω	θα καθαρίσω	καθάρισα	καθάρισε – καθαρίστε
앉다, 앉히다	καθίζω	θα καθίσω	κάθισα	κάθισε – καθίστε
부르다	καλώ	θα καλέσω	κάλεσα	κάλεσε – καλέστε
하다	κάνω	θα κάνω	έκανα	κάνε – κάντε
담배를 피우다	καπνίζω	θα καπνίσω	κάπνισα	κάπνισε – καπνίστε
만들다, 짓다	κατασκευάζω	θα κατασκευάσω	κατασκεύασα	κατασκεύασε – κατασκευάστε
거주하다	κατοικώ	θα κατοικήσω	κατοίκησα	κατοίκησε – κατοικήστε

뜻	현재형	단순미래형	단순과거형	명령형
얻다, 이기다	κερδίζω	θα κερδίσω	κέρδισα	κέρδισε – κερδίστε
움직이다	κινώ	θα κινήσω	κίνησα	κίνησε – κινήστε
울다	κλαίω	θα κλάψω	έκλαψα	κλάψε – κλάψτε
훔치다	κλέβω	θα κλέψω	έκλεψα	κλέψε – κλέψτε
닫다	κλείνω	θα κλείσω	έκλεισα	κλείσε – κλείστε
자르다	κόβω	θα κόψω	έκοψα	κόψε – κόψτε
바라보다	κοιτάζω	θα κοιτάξω	κοίταξα	κοίταξε – κοιτάξτε
수영하다	κολυμπάω(-ώ)	θα κολυμπήσω	κολύμπησα	κολύμπησε – κολυμπήστε
값이 들다	κοστίζω	θα κοστίσω	κόστισα	–
움직이다	κουνάω(-ώ)	θα κουνήσω	κούνησα	κούνησε – κουνήστε
잡다, 유지하다	κρατάω(-ώ)	θα κρατήσω	κράτησα	κράτησε – κρατήστε
숨기다	κρύβω	θα κρύψω	έκρυψα	κρύψε – κρύψτε
춥다, 차갑게 하다	κρυώνω	θα κρυώσω	κρύωσα	κρύωσε – κρυώστε
지배하다	κυριαρχώ	θα κυριαρχήσω	κυριάρχησα	κυριάρχησε – κυριαρχήστε
비추다	λάμπω	θα λάμψω	έλαμψα	λάμψε – λάμψτε
예배/숭배하다	λατρεύω	θα λατρέψω	λάτρεψα	λάτρεψε – λατρέψτε
작동하다	λειτουργώ	θα λειτουργήσω	λειτούργησα	λειτούργησε – λειτουργήστε
말하다	λέω	θα πω	είπα	πες – πείτε/πέστε
끝나다	λήγω	θα λήξω	έληξα	λήξε – λήξτε
풀다	λύνω	θα λύσω	έλυσα	λύσε – λύστε
요리하다	μαγειρεύω	θα μαγειρέψω	μαγείρεψα	μαγείρεψε – μαγειρέψτε
모으다	μαζεύω	θα μαζέψω	μάζεψα	μάζεψε – μαζέψτε
배우다	μαθαίνω	θα μάθω	έμαθα	μάθε – μάθετε
꾸짖다, 싸우다	μαλώνω	θα μαλώσω	μάλωσα	μάλωσε – μαλώστε
예측/추측하다	μαντεύω	θα μαντέψω	μάντεψα	μάντεψε – μαντέψτε
줄이다	μειώνω	θα μειώσω	μείωσα	μείωσε – μειώστε
살다	μένω	θα μείνω	έμεινα	μείνε – μείνετε

뜻	현재형	단순미래형	단순과거형	명령형
번역하다	μεταφράζω	θα μεταφράσω	μετάφρασα	μετάφρασε – μεταφράστε
재다, 세다	μετράω(-ώ)	θα μετρήσω	μέτρησα	μέτρησε – μετρήστε
말하다	μιλάω	θα μιλήσω	μίλησα	μίλησε – μιλήστε
들어가다	μπαίνω	θα μπω	μπήκα	μπες – μπείτε/μπέστε
할 수 있다	μπορώ	θα μπορέσω	μπόρεσα	μπόρεσε – μπορέστε
냄새 나다/맡다	μυρίζω	θα μυρίσω	μύρισα	μύρισε – μυρίστε
이기다	νικάω(-ώ)	θα νικήσω	νίκησα	νίκησε – νικήστε
느끼다	νιώθω	θα νιώσω	ένιωσα	νιώσε – νιώστε
생각하다	νομίζω	θα νομίσω	νόμισα	νόμισε – νομίστε
입히다	ντύνω	θα ντύσω	έντυσα	ντύσε – ντύστε
시작하다	ξεκινάω(-ώ)	θα ξεκινήσω	ξεκίνησα	ξεκίνησε – ξεκινήστε
알다	ξέρω	θα ξέρω	ήξερα	–
잊다	ξεχνάω(-ώ)	θα ξεχάσω	ξέχασα	ξέχασε – ξεχάστε
소비하다	ξοδεύω	θα ξοδέψω	ξόδεψα	ξόδεψε – ξοδέψτε
일어나다, 깨우다	ξυπνάω(-ώ)	θα ξυπνήσω	ξύπνησα	ξύπνησε – ξυπνήστε
운전하다	οδηγώ	θα οδηγήσω	οδήγησα	οδήγησε – οδηγήστε
이름 부르다	ονομάζω	θα ονομάσω	ονόμασα	ονόμασε – ονομάστε
놀다	παίζω	θα παίξω	έπαιξα	παίξε – παίξτε
받다, 잡다	παίρνω	θα πάρω	πήρα	πάρε – πάρτε
부탁하다	παρακαλώ	θα παρακαλέσω	παρακάλεσα	παρακάλεσε – παρακαλέστε
가다	πάω(πηγαίνω)	θα πάω	πήγα	πήγαινε – πηγαίνετε
죽다	πεθαίνω	θα πεθάνω	πέθανα	πέθανε – πεθάνετε
배고프다	πεινάω(-ώ)	θα πεινάσω	πείνασα	πείνασε – πεινάστε
기다리다	περιμένω	θα περιμένω	περίμενα	περίμενε – περιμένετε
지나가다	περνάω(-ώ)	θα περάσω	πέρασα	πέρασε – περάστε
걷다	περπατάω(-ώ)	θα περπατήσω	περπάτησα	περπάτησε – περπατήστε
날다, 던지다	πετάω(-ώ)	θα πετάξω	πέταξα	πέταξε – πετάξτε

뜻	현재형	단순미래형	단순과거형	명령형
떨어지다	πέφτω	θα πέσω	έπεσα	πέσε – πέστε
마시다	πίνω	θα πιω	ήπια	πιες – πιείτε/πιέστε
믿다	πιστεύω	θα πιστέψω	πίστεψα	πίστεψε – πιστέψτε
씻다, 닦다	πλένω	θα πλύνω	έπλυνα	πλύνε – πλύνετε
지불하다	πληρώνω	θα πληρώσω	πλήρωσα	πλήρωσε – πληρώστε
싸우다, 전쟁하다	πολεμάω(-ώ)	θα πολεμήσω	πολέμησα	πολέμησε – πολεμήστε
아프다	πονάω(-ώ)	θα πονέσω	πόνεσα	πόνεσε – πονέστε
팔다	πουλάω(-ώ)	θα πουλήσω	πούλησα	πούλησε – πουλήστε
조심하다	προσέχω	θα προσέξω	πρόσεξα	πρόσεξε – προσέξτε
더하다, 가미하다	προσθέτω	θα προσθέσω	πρόσθεσα	πρόσθεσε – προσθέστε
노력, 시도하다	προσπαθώ	θα προσπαθήσω	προσπάθησα	προσπάθησε – προσπαθήστε
선호하다	προτιμάω(-ώ)	θα προτιμήσω	προτίμησα	προτίμησε – προτιμήστε
바느질하다	ράβω	θα ράψω	έραψα	ράψε – ράψτε
던지다, 허물다	ρίχνω	θα ρίξω	έριξα	ρίξε – ρίξτε
조정하다, 맞추다	ρυθμίζω	θα ρυθμίσω	ρύθμισα	ρύθμισε – ρυθμίστε
묻다, 질문하다	ρωτάω(-ώ)	θα ρωτήσω	ρώτησα	ρώτησε – ρωτήστε
끄다, 지우다	σβήνω	θα σβήσω	έσβησα	σβήσε – σβήστε
제공, 서빙하다	σερβίρω	θα σερβίρω	σέρβιρα	σέρβιρε – σερβίρετε
들다, 일으키다	σηκώνω	θα σηκώσω	σήκωσα	σήκωσε – σηκώστε
죽이다	σκοτώνω	θα σκοτώσω	σκότωσα	σκότωσε – σκοτώστε
쓸다, 닦다	σκουπίζω	θα σκουπίσω	σκούπισα	σκούπισε – σκουπίστε
공부/전공하다	σπουδάζω	θα σπουδάσω	σπούδασα	σπούδασε – σπουδάστε
멈추다, 세우다	σταματάω(-ώ)	θα σταματήσω	σταμάτησα	σταμάτησε – σταματήστε
보내다	στέλνω	θα στείλω	έστειλα	στείλε – στείλτε
구부리다, 꺾다	στρίβω	θα στρίψω	έστριψα	στρίψε – στρίψτε
펼치다, 깔다	στρώνω	θα στρώσω	έστρωσα	στρώσε – στρώστε
동의하다	συμφωνώ	θα συμφωνήσω	συμφώνησα	συμφώνησε – συμφωνήστε

뜻	현재형	단순미래형	단순과거형	명령형
만나다	συναντάω(-ώ)	θα συναντήσω	συνάντησα	συνάντησε – συναντήστε
계속하다	συνεχίζω	θα συνεχίσω	συνέχισα	συνέχισε – συνεχίστε
익숙해지다	συνηθίζω	θα συνηθίσω	συνήθισα	συνήθισε – συνηθίστε
동반하다	συνοδεύω	θα συνοδέψω	συνόδεψα	συνόδεψε – συνοδέψτε
소개하다	συστήνω	θα συστήσω	σύστησα	σύστησε – συστήστε
계획하다, 그리다	σχεδιάζω	θα σχεδιάσω	σχεδίασα	σχεδίασε – σχεδιάστε
살리다, 구하다	σώζω	θα σώσω	έσωσα	σώσε – σώστε
여행하다	ταξιδεύω	θα ταξιδέψω	ταξίδεψα	ταξίδεψε – ταξιδέψτε
끝나다, 끝내다	τελειώνω	θα τελειώσω	τελείωσα	τελείωσε – τελειώστε
튀기다, 부치다	τηγανίζω	θα τηγανίσω	τηγάνισα	τηγάνισε – τηγανίστε
전화하다	τηλεφωνώ	θα τηλεφωνήσω	τηλεφώνησα	τηλεφώνησε – τηλεφωνήστε
강조하다	τονίζω	θα τονίσω	τόνισα	τόνισε – τονίστε
노래하다	τραγουδάω(-ώ)	θα τραγουδήσω	τραγούδησα	τραγούδησε – τραγουδήστε
달리다	τρέχω	θα τρέξω	έτρεξα	τρέξε – τρέξτε
문지르다, 갈다	τρίβω	θα τρίψω	έτριψα	τρίψε – τρίψτε
먹다	τρώω	θα φάω	έφαγα	φάε – φάτε
서명하다	υπογράφω	θα υπογράψω	υπόγραψα / υπέγραψα	υπόγραψε – υπογράψτε
견디다, 겪다	υποφέρω	θα υποφέρω	υπέφερα	υπόφερε – υποφέρετε
강요하다	υποχρεώνω	θα υποχρεώσω	υποχρέωσα	υποχρέωσε – υποχρεώστε
가져오다, 옮기다	φέρνω	θα φέρω	έφερα	φέρε – φέρτε
떠나다, 가다	φεύγω	θα φύγω	έφυγα	φύγε – φύγετε
키스하다	φιλάω(-ώ)	θα φιλήσω	φίλησα	φίλησε – φιλήστε
입다	φοράω(-ώ)	θα φορέσω	φόρεσα	φόρεσε – φορέστε
보살피다, 돌보다	φροντίζω	θα φροντίσω	φρόντισα	φρόντισε – φροντίστε
도착하다, 충분하다	φτάνω	θα φτάσω	έφτασα	φτάσε – φτάστε
만들다	φτιάχνω	θα φτιάξω	έφτιαξα	φτιάξε – φτιάξτε

뜻	현재형	단순미래형	단순과거형	명령형
부르다, 소리지르다	φωνάζω	θα φωνάξω	φώναξα	φώναξε – φωνάξτε
비추다, 밝히다	φωτίζω	θα φωτίσω	φώτισα	φώτισε – φωτίστε
망가지다, 망치다	χαλάω(-ώ)	θα χαλάσω	χάλασα	χάλασε – χαλάστε
잃다	χάνω	θα χάσω	έχασα	χάσε – χάστε
춤추다	χορεύω	θα χορέψω	χόρεψα	χόρεψε – χορέψτε
사용하다	χρησιμοποιώ	θα χρησιμοποιήσω	χρησιμοποίησα	χρησιμοποίησε – χρησιμοποιήστε
빗기다	χτενίζω	θα χτενίσω	χτένισα	χτένισε – χτενίστε
짓다, 만들다	χτίζω	θα χτίσω	έχτισα	χτίσε – χτίστε
때리다, 치다	χτυπάω(-ώ)	θα χτυπήσω	χτύπησα	χτύπησε – χτυπήστε
나누다, 분리하다	χωρίζω	θα χωρίσω	χώρισα	χώρισε – χωρίστε
낚시하다	ψαρεύω	θα ψαρέψω	ψάρεψα	ψάρεψε – ψαρέψτε
찾다	ψάχνω	θα ψάξω	έψαξα	ψάξε – ψάξτε
굽다	ψήνω	θα ψήσω	έψησα	ψήσε – ψήστε
쇼핑하다	ψωνίζω	θα ψωνίσω	ψώνισα	ψώνισε – ψωνίστε